imaginist

想象另一种可能

理
想
国
imaginist

[法]拉斐尔·马丁 著　[法]安妮·波美尔 绘

王子旭 译

男生万岁

一本书解答男生的青春期困惑

当代世界出版社
THE CONTEMPORARY WORLD PRESS

本书献给瓦丁、兰斯洛和露，你们是即将步入青春期的新一代！

——拉斐尔·马丁

这本书介绍了很多青少年既熟悉又不熟悉，或者说是成年人不曾想到要告诉青少年的"常识"。最重要的常识就是，青春期很难，绝非大人口中"最好的时光"。它意味着生理、心理、家庭、社交关系上的全面混乱，处处是麻烦。正在经历这些麻烦的青少年，得知这是一种普遍规律，而不是自己的问题，至少可以松一口气。要安然度过青春期，需要的不是成年人居高临下的指导，而是一个能提供理解、倾诉、设身处地帮自己想办法的朋友。这本书或许就能成为这样的一个朋友。

李松蔚　家庭咨询师

致谢：
衷心感谢所有愿意敞开心扉分享秘密的男生，以及凭借智慧、倾听和友谊巧妙地帮助作者完成本书的各位专家。

达米安·奥佩蒂　临床心理学家
尼古拉·巴德雷　眼科医生
查理·巴泽伊　飞行员
让-丹尼·博耶　图像和媒体教育专家
洛尔·波利　儿童心理医生
弗雷德里克·皮凯　中学历史/地理教师
杰拉尔·兰博兹　急诊医生
基特里·圣马卡里　古典文学教师

目 录
CONTENTS

006 身体的别样变化

046 个性形成的关键

072 珍贵的友情

092 神秘的情感

108 中学：全新的世界

148 家庭生活

172 兴趣和爱好

198 索引

你步入青春期了吗?
你觉得没人理解自己?

你下巴上冒出了一些胡须。

你希望被当作大人,因为自己不是小屁孩了。

你把乐高玩具送给了弟弟:这能让他安静会儿。
再见,积木!你好,互联网!
虽然升入初中让你有点紧张,但你还是迫不及待。

你想和你哥哥——
那位和橱柜灰尘激战的"蜘蛛侠"一样肌肉发达。

关于女生,你有一卡车的问题。

哪怕天气不是很热,但你还是会出汗。

你内裤里发生了一场"革命":
"小鸡鸡"变了样,"蛋蛋"也变大了……
难看的痘痘成了你额头上的"不速之客"。

感觉小伙伴们的父母比自己的还要酷。

你打算买人生中的第一把剃须刀。
偶尔你会非常火大!
你渴望交个女朋友,想知道恋爱是什么感觉。

如果你觉得以上这些描述：

和自己完全没关系 ✧✧✧

那你就还没有真正进入青春期。先从"珍贵的友情"和"兴趣和爱好"这两章看起吧，其他章节等到你下巴长出第一根胡须的时候再来探索。

和自己有一点关系 ✦✦✧

那你一定是刚刚踏入青春期。不用着急，你有的是时间读完这本书。哪怕目前还不能通篇理解，它也依然能帮你揭开不少关于青春期的谜团。

几乎条条都和自己有关系 ✦✦✦

那你此刻正处于青春期。把这本书留在手边、床边或厕所里吧！这本书对你的帮助会立竿见影。

在本书中，你将收获：

1. 对于青春期谜团的解释；
2. 同龄人毫无保留的分享（还有女生的意见）；
3. 科学有趣的心理测试，让你轻轻松松了解自己；
4. 切实可行的难题解决方案；
5. 严谨却不那么严肃的专家建议；
6. 作者的文字游戏，或许能博你一笑哦。

《男生万岁》为外版引进图书，少数观点和国内有些许文化差异。——编辑注

身体的
别样变化

几年前，你从小宝宝长成了小男生。
现在，你正迈入新的成长阶段：青春期。
这段旅程充满了惊喜。你将收获更多的自由与成熟。
这也是一段神秘的旅程。你的身体会发生剧烈的变化，甚至引起担忧。
这一章正是为你打消各种疑虑的！

趣味测试：你还能认出自己吗？

青春期，那是啥？
小烦恼，大麻烦！
青春期把你从男孩变成男人
"肤"于表面
胡子行动
救命！气味好难闻
鞋子里的"生化危机"！
痘痘战争
头发，你的"头"等大事！
今日特供！框架眼镜和隐形眼镜

预防蛀牙，笑口常开
为了一口好牙：牙齿矫治器
抽动障碍和强迫症，以及其他怪事
不要惊慌！
打破酒精的诱惑
有关毒品的全部真相！
不要被烟雾蒙蔽
呼噜噜——呼噜噜——
入睡指南
体重问题

趣味测试：保持饮食均衡！

好吃好吃！
舌尖上的宝藏
一篇全搞懂！
自慰是怎么回事呢？
色情视频？要远离咯……

你还能认出自己吗？

进入青春期之后，你的生活里会充满新奇和小小的不安，请为下列句子空白部分填入拼音来了解具体都有哪些变化。

我的x___b___上长出了胡子，头发也很容易出y___。

我腋下好像有一股奇怪的h___味。

我的d___d___（或g___w___）变大了，我还知道鸡鸡有另外一种说法，叫y___j___。

我额头上长了粉刺，其实就是一堆小d___d___。

我得赶紧买瓶t___x___泡沫了。

明天我要去医生那里装y___t___。

我明白了！我正处于q__c__q__呢！

如果你用了不到一分钟就完成了所有填空，那你应该就是已经踏入了青春期。

这一人生阶段会持续数年。你脸上会出现痘痘，下巴会长出胡须，脑袋里还会蹦出一堆问题！你这个年纪的男生经常会纠结自己到底正常不正常……

此处为答案（顺序从上往下）：

» 下巴，油（xiaba, you）
» 蛋蛋，睾丸，阴茎（dandan, gaowan, yinjing）
» 剃须（tixu）
» 牙套（yatao）
» 汗（han）
» 痘痘（doudou）
» 青春期（qingchunqi）

青春期，那是啥？

➡ **身上开始到处长毛！**

当你身边的人或者医生在谈起你的时候，或许你能听到他们用的是"青春期少年"这个词。

法语里的"青春期"一词来自拉丁语，原意是"长满毛发"。很形象是不是！但是，成为"青春期少年"并不意味着你会在月圆之夜变身狼人，而是说明你在长大成人。这一变化大约会持续三年，有时会更长一些。

或许你已经发现了一些迹象：

◆ 什么？我鼻子下面长出来的是胡子？
◆ 救命！"小鸡鸡"周围和腋下，粗黑的毛发在疯长！
◆ 哎哟！我都认不出我的"蛋蛋"和"鸡鸡"了！
◆ 太好了！我的肌肉比超级英雄还要多！
◆ 哎呀！脑门长出了好多痘痘！

在日本，几个世纪以前，武士的儿子会在大约12岁的时候穿上成人服装拜见神明和祖先。他们还会获得一个新名字……欢迎来到大人的世界！

嘿！我说话的声音**开始像个男人**了……
我的个头**蹿得好快**！马上都能去打NBA了！
我的头发变得**油乎乎**的，真让人头疼！

青春期改变了你的身体，
它也会改变你的行为以及和别人的关系。
没人理解你？
心情一天到晚都在变？
你会对一只无辜的猫或者父母发脾气？
这些都可能是一场"变形记"的开始。

小烦恼，大麻烦！

大自然并不拥有一台精确的时钟。有些男生在 10 岁之前就进入了青春期，而有的要到 16 岁才开始。这个阶段通常会持续三年，比这长点短点都有可能。每人都有自己的节奏！

你的两个睾丸不一样大？阴茎没那么笔直？这并没什么问题。成年之后，大多数人（包括男性和女性）完全不在意这些。我们不是机器人，没人长得完全对称……

>>>
我背包的时候感觉后背某个地方有点痛。回家之后才发现，居然是长了个白色的大脓包！我还以为得病了。我妈后来和我说那是一颗青春痘。

>>> 卢卡斯，12 岁

>>>
我的第一撮阴毛去年才长。自那之后就长得很快：这下我和我的手球队友们的阴毛一样多了。

>>> 亚恩，16 岁

身体的别样变化　11

青春期也会引起一些奇怪的现象。比如也有男生的胸会变大一点或感到刺痛，别担心，你的胸最后还会小回来的！

➡ **那女生呢？**

女生和男生一样，在性激素的作用下，身体会发生各种变化。女生的青春期通常比男生早一两年开始。她们在这个阶段也不是很好过：疲劳、生长所引起的肌肉酸痛、汗臭……女生们也在所难免。在青春期，女生的腋下和私处也会长出毛发。有时候在她们的鼻子下面，甚至能看到一层细细的毛……有件事情是肯定的：女生们也为自己身体的变化感到担忧！

>>>
开始发现自己的胸部变大了，有点搞笑。令我惊讶的是，我妈给我买了一件胸罩让我穿上。

朱莉娅，12 岁

青春期把你从**男孩变成男人**

青春期会增强你的各项身体机能，你变得更结实了，智力也在增长！不过，青春期送你的最大礼物是生育能力！

未来某天，你也会成为爸爸：
你的性器官在此刻发生的变化就是为将来孕育新生命而准备的。女生的身体也在发生改变：在她们肚子里有这样一个器官，叫作子宫。等她们成年后决定生育，这里可以供胚胎发育。在卵子没有和精子结合的月份里，绝大部分女生都会来月经，也就是每个月总有几天阴道会出血。

➕ 如果你感觉这种身体上的改变很不舒服，那就找一个信得过的大人问问吧。如果他/她不是很想回答问题，那可能他/她曾经也没有勇气去问。勇敢一点，再找其他专业人士咨询，比如医生。

"肤"于表面

从童年到青少年，人就好像蜕了一层壳。

皮肤保护我们免受损伤，尤其是细菌的袭击。
皮肤还能在身体内外之间传递信息，比如它会传递寒冷的感觉让我们发抖，发抖会帮助身体升温。

皮肤是哺乳动物生产毛发的工厂。
在冰天雪地中生活的北极熊能凭借它们的皮毛取暖。大象用毛发来散热。而对于人类，睫毛、眉毛还有头发也都非常有用……有的能够防止汗水流入眼睛，而有的能保护我们的脑袋不受烈日或者严寒的伤害！

➡ **为什么我们的私处会长毛发呢？**
阴毛的一个作用便是保护皮肤的敏感地带，免受摩擦导致的伤害。没了阴毛，这些地方很容易发炎！另外，和其他动物一样，阴毛可以散发人体的气味来吸引异性，这样的气味是一种信息素。这个体味散发器可真智能！

一个青少年的皮肤重达6-7公斤，总面积有1-2平方米，这还是在青春期刚开始的时候！你知道吗？皮肤可是人体最重、面积最大的器官哦！

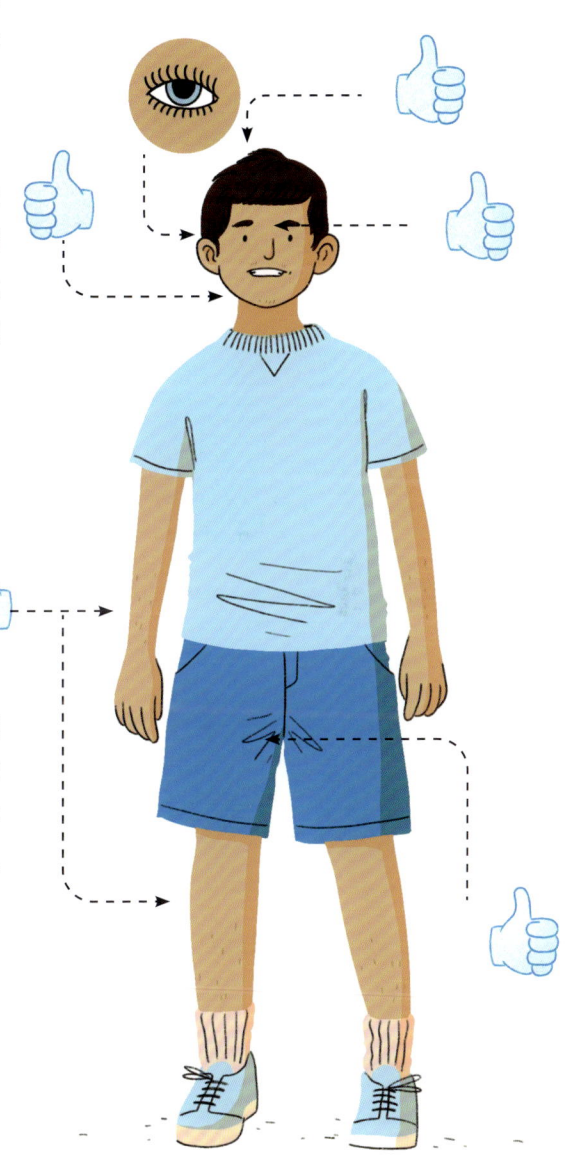

胡须行动

我们身上有将近 500 万根毛发！其中胡须大约占了 1 万根。你准备好剃胡须了吗？

早在史前时期，人们就已经可以看着水中的倒影，用打磨好的石器修理毛发了。后来，理发师出现了。几个世纪以来，他们还要给伤员做手术，因为他们很擅长使用利器！想像他们一样剃须，就得选择最好的工具！

使用手动剃须刀之前，先做一些皮肤防护措施：

使用泡沫、剃须膏、剃须啫喱……虽然厂商能提供各种商品，但当你剃过一两次胡须之后，就多听听自己的感受和经验吧。

◆ 搓出丰富的泡沫之后，用刀片由上至下地剃须。

◆ 可以在最后从下往上进行更精细的修理，但注意不要太用力。修理完用冷水冲洗。

你的皮肤还需要一点时间来适应：

如果一开始你感觉皮肤有点不舒服，不要担心。

你更喜欢用电动剃须刀吗？

使用前不要洗脸！如果你的皮肤比较敏感，可以使用专门的剃须膏，使机器更容易滑动。

◆ 如果你的剃须刀有网状刀头，保持与皮肤成直角的角度，并逆着毛发的方向进行剃须。

◆ 如果剃须刀有旋转刀头，你可以小范围地旋转剃须刀，但力度不要太大。

金属剃须刀比一次性塑料剃须刀更环保，因为金属剃须刀只需要偶尔更换刀片就可以了。当你完全掌握了剃须的技巧之后，就可以要到这样一份超棒的礼物了！

身体的别样变化　15

➡ **男人的护肤品**
为避免剃须后皮肤紧绷和刺痛，可以使用剃须后的护肤产品。

➡ **如果你是干性皮肤**
你可以使用面霜来给脸部保湿（最好使用含有天然成分的有机产品）。

➡ **你容易"伤及无辜"吗？**
去药店买一些明矾或是"止血笔"吧，这样能帮你更快地愈合伤口。如果你手头没有其他东西，可以用一小块卫生纸来止血。

➡ **晚上还是早上？**
你来决定，但据说胡须在早上会更柔软一些哦！

救命！气味**好难闻**

如果出汗让你感到烦恼，看看下面这些减轻不适的方法吧！

为了理解出汗的原因，我们需要知道许多动物都有一个理想的机体运作温度：

在人类身上，这个温度是 36.1—37.2 摄氏度，人体大体需保持这一温度。为此，身体需要运用不同的机制来进行"温度调节"。

蜥蜴的日子过得比我们酷多了：它身上可没有调节体温的机制，所以它只能整天待在阳光下。太不容易了！

如果暴露在过低的外界温度下，身体便会产生热量：

大脑会命令肌肉将能量转化为热量，我们就会打寒战。

如果暴露在过高的外界温度下，身体也会进行散热：

大脑会命令汗腺沿着毛发排出汗水，从而散发热量。这些汗滴不仅有水分，也有人体代谢出的废物，脂质和蛋白质。

皮肤表面和毛囊中的细菌会利用汗液中的脂质和蛋白质进行分解和代谢，产生有臭味的化学物质。

身体的别样变化 | 17

➡ **五个小建议，帮你减少和出汗有关的困扰！**

洗澡时，用肥皂在你身体这座"丛林"的角角落落仔细探索：腋下、脚趾间……哪里都要过一遍！

洗完澡后，可以在腋下喷一点止汗剂或是小苏打。

> 当我紧张时就特别容易出汗。然后出汗又让我更紧张了！为了解决这个问题，我试着不去顾虑太多。
>
> 阿梅尔，12岁半

用小苏打代替止汗剂，这样气味会更自然，而且效果也不错哦。

从浴室出来的时候用毛巾擦干身体。

不要穿太紧身的衣服，选择棉质T恤。

少吃一些红肉（如牛肉、羊肉、猪肉等）以及加工的肉制品（如火腿、香肠等）。

> 我试过很多种除臭香水，但我的腋下还是常常会有汗渍。我找到的办法就是穿黑色T恤，这样看起来就不那么明显了。
>
> 马洛，13岁

鞋子里的"生化危机"！

鞋子一脱，就好像毒气跑出来了，真是要命！以下这些方法，可以避免这种情况。

脚臭是由细菌和微小的真菌引起的，它们就躲在你的鞋子里面。而你的目标是要把它们斩草除根！

- 永远不要光脚穿鞋。
- 穿棉质袜子（绝对不要选合成纤维的袜子）。
- 如果你有两双鞋子，每天交替着穿，让鞋子散散味道。
- 如果你出汗过多，穿鞋之前在脚上撒一点爽身粉。
- 时不时地用点鞋子除臭剂。

✚ 大多数运动鞋可以放进洗衣机清洗。洗新鞋之前看看内标确认一下哦。

➡ **关心·关心你的脚！**
每个早晚都要好好洗脚，擦干每个角落！定期更换袜子，并让鞋子透气。如果你遵守了这些卫生规则，但脚臭还是很严重，那还是去看看医生吧！

痘痘战争

青春痘真是令人尴尬，有时甚至让人心烦！这回，让我们好好了解下这些可恶的痘痘。

在青春期，皮脂腺开始产生大量的皮脂。
这种油性物质可以让我们的皮肤保持光滑柔嫩，免受微生物的伤害，但当皮脂过量产生时，皮脂腺导管会被堵塞，汗液浸泡过的身体废料就不能从这些细小的孔洞中排出了。这些杂质就会被堵在皮肤下，越积越多，最后形成一个小疙瘩——坏了，长了个痘痘！

> 如果你的青春痘特别严重，赶紧去看皮肤科医生。熟知各种皮肤问题的他们会给你制订一个合适的治疗方案。

法语中的"青春痘"一词源于希腊语"akme"，是"山顶"的意思。不过，别把它变成压在你心头的一座大山！绝大部分刚进入青春期的孩子都会长青春痘，但它并没有传染性。青春期结束之后，这些痘痘通常也会消失。为了缓解这个问题，不要太频繁地剃胡子，应保持良好的卫生习惯。使用一些护肤品可以稍微预防一下痘痘的生成。

头发，你的"头"等大事！

你在为头发问题而挠头吗？在青春期前期，好多人都和你一样。

就和所有的毛发一样，头发是由一种特殊物质构成的：角蛋白。
这种蛋白让头发具有防水性，有很强的韧性。到了青春期，角蛋白会进一步生成，你的肩膀上也会因此出现像雪花一样的头皮屑。

过多的皮脂（一种保护头皮的物质）也会使头发变得格外油腻。
这些现象也会因为睡眠不足、压力变大、环境污染或季节变化而加剧。

照顾好你的头发：
最好使用温和的洗发水，一次不要用太多，也不需要天天洗头！但要注意，每次洗头要将洗发水冲洗干净。还有，多吃水果、睡眠充足也有助于头发的健康哦。

今日特供！框架眼镜和隐形眼镜

你需要戴眼镜吗？先来看一眼这一页的建议吧！

虽然这几句话听起来有点吓人，但也没那么严重——**近视**会使你看不清远处，**远视**则看不清近处，而**散光**会使你看东西有重影。

通常来说，你可以选择戴框架眼镜或隐形眼镜。但隐形眼镜**不要每天都戴**，哪怕你习惯戴它，也依然需要一副合适的框架眼镜。它才是主角！

◆ 当你要做运动，或者实在没法接受戴框架眼镜的时候，佩戴隐形眼镜是个不错的办法。

◆ 一般对于刚步入青春期的孩子来说，如果有散光问题，更推荐硬性隐形眼镜，而非软性隐形眼镜。

◆ 眼镜在13世纪末就发明出来了，如今已经成为一种真正的时尚配饰。利用它来展示你的风格吧：你是喜欢运动型还是学者型，粗框还是细框，又或者是像哈利·波特那样的圆框眼镜呢？

用隐形眼镜之前一定要先准备一副框架眼镜，两者交替使用，能让眼睛休息（晚上或者周末）。佩戴隐形眼镜的话，一定要有良好的卫生习惯：接触隐形眼镜前要先洗手，要每天清洗眼镜（不要用自来水，要使用专门的隐形眼镜清洗液）。游泳或洗澡的时候不能佩戴，遵守佩戴时间，定期使用眼药水。

尼古拉·巴德雷
眼科医生

预防蛀牙，笑口常开

保持牙齿自然洁白，除非你更喜欢旧时日本的风格，把牙齿全部染黑。

你的牙刷可不是一件稀奇的藏品：

用不着担心用坏。好好地刷牙，清洁每一个角落，避免食物残渣的堆积。这些残留物会滋生细菌，并进一步导致蛀牙。专家建议**每天刷牙两次，每次三分钟**。或者刷牙时间可以短一些，但要每天刷三次。除了早晚，如果你回家吃午饭，还要在饭后刷一次牙。不管怎样，**要从红色（牙龈）往白色（牙齿）处刷**。

记得去看牙医，每年两次，完全不痛的！

而且，牙医还能在蛀牙恶化之前检查出来，并给你提供建议。

》》》
我之前有两颗蛀牙，牙医给我做了超声波洗牙。我一点都不痛！我也拔过一颗牙，得在打针和冷敷中间选一种方法麻醉。我选了冷敷，只有一点小感觉而已！

》》 保罗，11岁

身体的别样变化 | 23

挑选牙刷可能比买游戏机还要复杂

蛀牙是一种由细菌感染引起的疾病，它从牙齿表面的牙釉质开始侵蚀，如果不及时治疗，就会进一步侵蚀到更深处。糖果还有其他甜食是蛀牙最好的帮凶。而牙膏中含有的氟化物则会毫不留情地驱赶引起蛀牙的细菌。

最重要的是得定期更换牙刷：
比如等到换季的时候，记得要换一个新牙刷。

➡ **奇怪的口气？**

清新的口气源自良好的卫生习惯！刷牙时要仔细，吃饭时要细嚼，尤其注意不要吸烟。
如果问题还在，那就再去牙医那里看看吧！

为了一口好牙：牙齿矫治器

你预约过口腔正畸医生的会诊吗？一听到"畸形"这个词，你是不是就觉得有点好笑？但这位牙科专家真的能帮到你！

➡ **这有什么用呀？**

口腔正畸是一门专门研究牙齿排列的医学。它可以用于矫正上下颌的问题，使其更加美观，并改善其功能。有一口好牙能使你更好地咀嚼食物，让你不用每天都只能忍受果泥、果酱这样的软性食物！佩戴牙齿矫治器（也就是牙套）不会很痛，但是头几天还是会感到有些不舒服。

✚ 有些人出生时还没有这种工具，而如今他们也戴上了牙套：他们也想要露出美丽的笑容呢。

身体的别样变化

刚戴上牙套的时候，我还担心它会让我的嘴巴肿起来，也害怕它会弄疼我。它确实在轻轻拉着我的牙齿，却不太痛。闭上嘴之后，牙套看起来也不是很明显。

卡里姆，12 岁

➡ **这种充满"金属感"的微笑，会持续很久吗？**

一般来说，两到三年后，才能完全恢复。耐心忍忍吧，之后的一口好牙会让你的笑容更灿烂！

抽动障碍和强迫症，以及其他怪事

你会经常咬指甲吗？那肯定是因为你有点紧张。试着找到这种时刻，尽量让两次咬指甲的间隔时间久一些，也可以把自己的指甲剪短些。关键不要只依赖这种行为来解压，也要找到其他解压方式。当你感到紧张的时候，可以找一个解压球，用手指去挤压它，或者就找个旧球，直接按爆它吧。

我们的身体有时会发出一些让人紧张不安的信号。你能识别出来吗？

◆ 你的头脑里会反复出现同一个想法或图像？
◆ 你会对同样的事情反复检查十余次？
◆ 你会把作业擦了写，写了擦，试图追求完美？
◆ 你每次都要按照固定的顺序穿衣服？
◆ 你非常恐惧细菌？
◆ 你的某些习惯让你在学校和家里过得有些难受？
◆ 你是不是经常做出完全对称的动作？

如果你感觉自己符合上面一个或多个描述，那可能是因为你有点抽动障碍（TD）或者有些强迫症（OCD）。

抽动障碍是儿童或青少年时期的一种较为常见的、复杂的慢性神经精神障碍，主要表现是不自主的、反复的、突发的、快速的、重复的、无节律性的一个或多个部位肌肉运动抽动和（或）发声抽动，抽动症状会因焦虑、兴奋等情绪而加重，放松时则会减轻。这种情况发生在他人身上时更容易被察觉，但自身往往不易发现。

强迫症患者头脑中总有一些想法或者画面反复出现，干扰正常生活。

身体的别样变化   27

不要惊慌！

> 我有抽动障碍：吞咽东西时，总得用大拇指按着喉咙！我妈提醒了我。于是，我试着少去或不去做这个动作，最后我成功了。
>
> 保罗，11岁

对你来说，此刻已经进入了探索模式、不断经历新事物和体验新变化的时期。与你朝夕相处了10年的身体正在发生变化，你的情绪每天甚至每个小时都在变化，这种情况下，感到焦虑是正常的。但有时候，你会困惑，会不知所措，原本特别喜欢的游戏现在却毫无兴趣，不想看书，也不想见朋友。那就来和我们聊聊吧，我们可以帮到你！

洛尔·波利
儿童心理医生

*儿童心理医生可不是史前恐龙，他们是处理儿童、青春期前期以及青春期少年问题的"解忧天使"。全科医生可以把你转介到那边，让他们来帮你解决心理问题，他们永远不会批评你。

➡ **如果你备受困扰，就去寻求帮助！**

如果这些想法或者行为重复出现，但不太影响生活，就没多大问题。但如果你已经深感痛苦，或者每天的强迫行为持续超过了一个小时，那就去问问医生吧。医生会给你一些建议，让抽动障碍或强迫症不再影响你的生活。

打破酒精的诱惑

等你再长大些，或许就会发现身边有朋友喝酒。但为了健康，晚一点再尝试吧。

> 酒精很像毒品：喝得越多，会越想喝，不停地喝。恶性循环！
>
> 西蒙，17岁

首先要知道……酒精和毒品一样，也会让人上瘾。
过量饮用更会摧毁身体，还可能引发严重疾病或者交通事故。在许多国家，16岁以下的孩子是不可以买酒的哦。
但是酒商们总是想尽办法，企图说服年轻人喝酒！

小心那些带有诱人名字的彩色小瓶酒。
很多是"预调酒"，口味很像甜汽水，但里面含有酒精。所以在饮用之前，检查一下包装上是否有"酒精"字样，或者是否有用红线画掉孕妇形象的标识。

身体的别样变化 29

➡ 那你的任务是？

找出家里含酒精的饮料，过几年再喝。

如果朋友们邀请你一起喝酒，可以临时找一个借口，比如你得赶紧回家喂猫！也可以简单地回答说你不喜欢喝酒，或者直截了当地说酒要等到 18 岁再喝。这肯定会让你显得很有个性和主见。如果你坚持到了成年才喝酒，那你真的很优秀……

➕ 酗酒，也就是短时间内大量饮酒的行为，会对年轻人的大脑产生不可修复的伤害，并增加他们成年后成为酒鬼的风险。如果有人在社交平台上向你发起这项危险的挑战，离他远点！

有关毒品的 全部真相！

对于毒品，不论是吸食、嗅闻、注射还是吞咽，吸毒的人都会成为毒品的奴隶。

毒品可以有各种不同的形式。

不要掉以轻心！说不准哪天你就会遇到它。而你必须睁大眼睛把它辨认出来，免受其害……其中最常见的毒品肯定就是大麻了，它有时也会以深棕色棒状物的形式出现。这种毒品被弄碎之后常与烟草一起被人吸食。

而大麻的另一种形式，叫作"叶子"（也被称作"草"或者"weed"），形状像是干燥的叶片，异味极大。

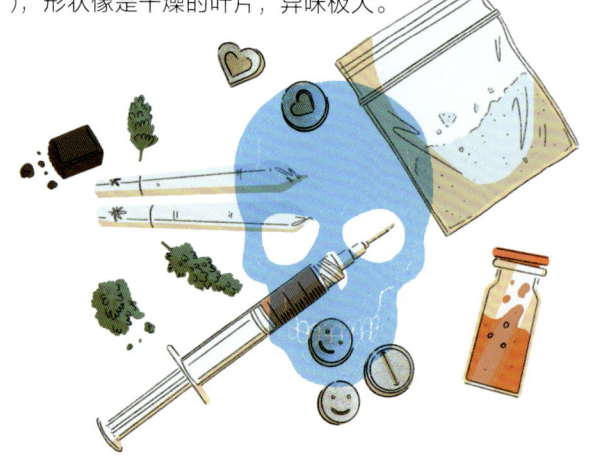

✚ 某些药物（糖浆或药片）的混用也会对健康造成严重影响。如果某天有人叫你尝试一下，一定要拒绝他！

✚ "笑气"：有人可能会向你推荐"笑气"，即一氧化二氮，吸食它会让你特别想开怀大笑。然而吸入这种气体会严重损害健康：可能会引起头晕、窒息、昏迷等。真要命，一点都不有趣，可千万别碰它……

➡ **有人给你塞过彩色的药片吗?**

这些药片上是不是还画有小图案？离这些药片远点儿，它们会使人产生幻觉、损伤大脑……这种毒品还可能被加工成液体存放在小瓶中，或是加工成粉末。务必要远离这些危险！

➡ **祸不单行！**

毒品不仅损害健康，吸毒还会受到法律的制裁：严重者需要坐牢……虽然饮酒和吸烟没有被法律禁止，但我们也必须提高警惕：一旦尝试，就很难戒掉了……

身体的别样变化 31

大麻

对大脑发育有害

当心 ! !

大麻

不要被烟雾蒙蔽

香烟不仅是种毒药,更像座监狱!怎样才能避免被它困住呢?

➡ 当心·烟雾的陷阱!

当你和朋友抽起第一支香烟的时候,表面看起来可能还挺自在,但事实恰好相反!香烟会导致"依赖":一旦开始吸烟,就很难停下。总是越抽越想抽,戒都戒不掉!

➡ 停止毒害!

香烟的烟雾中含有超过 7000 种化学物质,

比如一氧化碳,汽车尾气的主要成分。

烟商会把香烟里的有害物质用一些奇异的味道掩盖过去,请避开这些陷阱。此外,如果有人因为你拒绝吸烟而嘲笑你,请告诉他你不想喝杀虫剂和焦油!香烟里含有它们……

"要命"的数字：

每天吸 5 支香烟，一年下来就有近 1000 欧元（折合人民币 7000 元左右）进入烟草商的腰包！

➡ **糟糕！**

香烟盒上的图案就像恐怖电影，向我们展示了吸烟引起的各类严重疾病……这样想，每少抽一根烟，你就能多活 10 分钟。

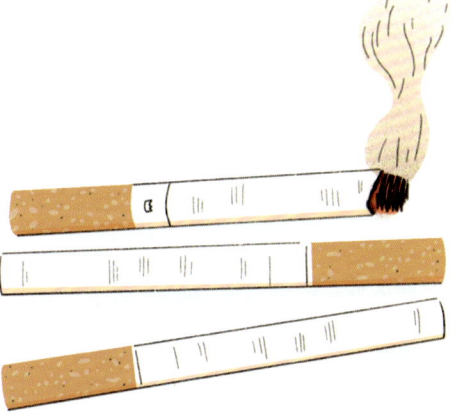

➡ **你已经试过了？**

那也没必要自责。不如问问自己是否真的喜欢：

◆ 永远有口臭。

◆ 每天早上都迷迷糊糊。

◆ 牙齿和手指会发黄。

◆ 每次抽完烟至少要洗手三次才能去掉烟味。

◆ 还要撒好多谎以避免被父母抓到……

总之，**拒绝第一根要比戒烟容易得多，但最好的戒烟时间是现在**，就看你的了！

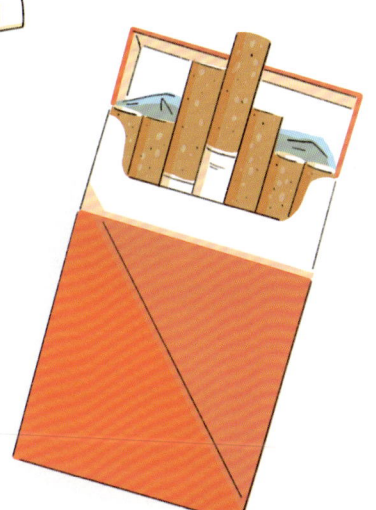

呼噜噜—— 呼噜噜——

对于人体而言，睡觉和饮食一样重要，但是我们却常常不怎么在意。睡着之后，你的身体会发生一些奇特的变化。

你肯定早就知道睡觉能够养精蓄锐，但这回让我们再深入了解一下这位未知的盟友吧。

- ◆ 睡眠可以减轻压力。 >> 正确
- ◆ 充足的睡眠有助于长高。 >> 正确
- ◆ 睡眠充足的人不容易生病。 >> 正确
- ◆ 早睡有助于学生在学校取得更好的成绩。 >> 正确
- ◆ 睡眠一共有四个不同的阶段。 >> 正确

上面的说法都是正确的！

睡眠有着复杂的生理机制，也大有用处。睡眠分为几个阶段，每晚按照精确的周期轮流出现。一旦入睡，你会依次进入**浅睡**、**深睡**和**快速眼动睡眠**阶段。深睡眠阶段的休息效果最好，而快速眼动睡眠阶段则伴随着美梦或噩梦的发生。

你睡着的时候，睡眠还在默默地工作。

睡眠能够消除疲劳和压力，还能分泌出生长激素并巩固身体里抵抗细菌病毒的防线。它会整理好白天你在学校学到的知识，并储存在长期记忆中。所以，睡眠是一个忠实的盟友，能增强你的身心力量。赶快睡觉吧！

50年间，法国人平均每天少睡了1小时30分钟："罪魁祸首"是电视和电子产品！早点睡，睡个够吧！

如果你第二天有课，那早睡可就更重要了。不过早点上床并不意味着你躺在床上拿出游戏机、平板电脑或者打开电视哦……

弗雷德里克·皮凯
中学教师

身体的别样变化

入睡指南

你晚上睡不着？早上又起不来？这里有一些小窍门可以试试，有些问题也需要警惕。

◆ 如果房间里太热，空调温度可以调低一点。
◆ 读一会儿书，或者听一首舒缓的轻音乐。
◆ 刚感到睡意出现时，就赶快关灯。
◆ 调整成一个舒适的睡姿，最好是仰卧，可以放松肺部，让呼吸顺畅。

》》》
如果不在床上玩游戏机，我能很快睡着。所以我一般只在客厅的沙发上玩，不带进卧室里。

莫哈迈德，9岁

发光的LED灯会干扰睡眠，也浪费电。另外，上床睡觉前，记得关闭待机的设备！

错过第一波睡意就好像错过一班火车：你只能耐心等待下一班的到来。

身体的别样变化 | 37

>>>
上完柔道课之后，如果我着急上床睡觉，就容易失眠。我得闭上眼睛深呼吸几次，泡个舒服的澡，之后再躺在被窝里读一两章书。等到打哈欠时，就关上灯。这样还挺有效的。

>>> 克雷芒，14岁

在你这个年纪，睡不好挺常见的。毕竟你已经离开了安抚玩具和枕边故事这些能让你放松下来的东西。有时，你会害怕夜晚的失控感，还有噩梦。听点音乐吧，音乐可以安抚你。

洛尔·波利
儿童心理医生

◆ 晚上不要吃太饱。

◆ 睡前做了非常剧烈的运动？尽量还是在白天进行训练吧。

◆ 不要把你的电子设备带到床上。

◆ 关掉灯光和电视：黑暗环境会刺激褪黑素这种睡眠激素的分泌。

体重问题

你觉得自己太胖或太瘦？是时候好好看看体重了。

以下这些情况还挺常见哦！

◆ 卡里姆觉得自己太胖，不过他是个运动员，肌肉发达。

◆ 大家都觉得莫尔甘太瘦了，但她还想继续减肥。

◆ 你楼上邻居的肚子超大，但他似乎并不担心。

◆ 有的人喜欢自己肚子上的肉肉。

自己对身体的感觉并不一定总是与他人的看法或现实相符哦！

是不是经常有人告诉你："车到山前必有路。" 这是真的，言之有理！但有时候，你需要等待一段时间。学会自爱是需要时间的！如果你觉得自己太胖了，那么可以去找一些专业人士，他们会有很多建议。向医生和专业人士请教一下吧。

洛尔·波利
儿童心理医生

有点奇怪，不是吗？ 如果你一直在为自己的体重问题而烦恼，去问问医生吧。他会计算出你的BMI，也就是身体质量指数，看看是否超出了正常范围。无论如何，你的心情肯定会稍微轻松一些！

对自己耐心点，要知道由于青春期引起的一些体重问题会在几年后自然消失哦。

趣味测试 身体的别样变化

保持饮食均衡！

❶ 今天薯条随便吃：

A 餐前餐后都少不了：对你来说，土豆就是"幸福果"。

B 你一口气吃了一盘薯条，不过在此之前也吃过一些胡萝卜。

C 你只吃开胃菜和水果：薯条不好消化，而且也不好吃。

❷ 蔬菜是：

A 哦！你最大的敌人！

B 没汉堡好吃，但也得看是什么菜以及做得咋样。

C 你的最爱。

❸ 看足球比赛时最好的营养餐是：

A 蛋黄酱、炸鸡、奶酪、奶油甜点。

B 菜豆沙拉、火腿面、酸奶、水果。

C 蔬菜沙拉、西葫芦焗饭、瑞士小奶酪、苹果。

A类菜单

吃得太油太多对身体都不好！在你的菜谱里加些蔬菜，平日也多做些体育运动吧！

B类菜单

什么都少吃一点，保证营养正好供得上体力活动，这样是最理想的。你保持了营养的均衡，干得不错！

C类菜单

你喜欢吃蔬菜，真不错！但也要平衡下餐食，多吃些其他类型的食物：鸡蛋、鱼肉、米饭、扁豆，最重要的是，早餐要丰盛点，这样一整天精力都会旺盛。

身体的别样变化

好吃好吃!

有机食品和本地种植的食材对健康和地球都有好处。试着吃一些吧！

下面这些食材能让你品味生活的乐趣，但也要记得时不时吃些蔬菜哦！

水果和蔬菜：尽情享用吧！

慢糖食物（全麦面包、谷物、意面……）：吃吧，这是良好的碳水燃料。

乳制品（奶酪、牛奶……）：对你的成长至关重要。

蛋白质（鱼、肉、鸡蛋、扁豆……）：特别是植物性蛋白质，对肌肉发育很有好处。

快糖食物（汽水、糖果……）：可以偶尔吃个开心，但要适量哦。

脂肪（油、黄油……）：也要吃点。别把鸡肉蘸蛋黄酱吃成蛋黄酱裹鸡肉哦！

橄榄油

汉堡包、面包酱和汽水要适度食用，因为含有大量脂肪和糖分。

舌尖上的宝藏

你的舌头上布满了感受器，让你可以品尝到各种味道：唤醒你的味蕾吧！

你的味蕾可以品尝出五种味道：

甜、咸、酸、苦还有**鲜**——"鲜"这个词意思是美味，是一种类似于鸡汤的味道。张开嘴巴，开始你的寻味之旅吧！

➕ 婴儿们最开始是通过味觉来探索世界的，所以才会用嘴啃咬身边的一切……

在法国，有些高级餐厅会烹饪蜗牛。在墨西哥，你可以品尝到巨型蚂蚁的幼虫！而在刚果，一道菜谱在开头就写着："将毛毛虫浸泡在一升热水中。"所以结论是——萝卜青菜各有所爱！

即使不吃昆虫，你也可以拓宽自己的味觉界限，丰富自己的味蕾体验：去发现新的风味吧，或者再试试看你之前不喜欢的食物。比如，你现在讨厌吃洋葱，长大之后它也许会成为你最喜欢的菜肴。**口味会随着年龄的增长而改变**，也是一个人学习品尝的过程。

➕ 注意节食！不要独自胡乱发明节食方法。如果你想瘦身，先从减少油脂和糖分的摄入开始。更重要的是要进行身体锻炼，这样可以"燃烧"你从食物中获得的能量。

一篇全搞懂！

这张图片是我们平日里不太敢向他人展示的身体部位。关于这些部位，我们需要知道的太多……

➡ 它们包含哪些部分？

男生的性器官主要由两部分组成：

阴茎和睾丸。睾丸这一腺体用于制造精子，而这些微小的细胞则用于人类生育。这些就是你肯定已经听说过的，著名的"小种子"！

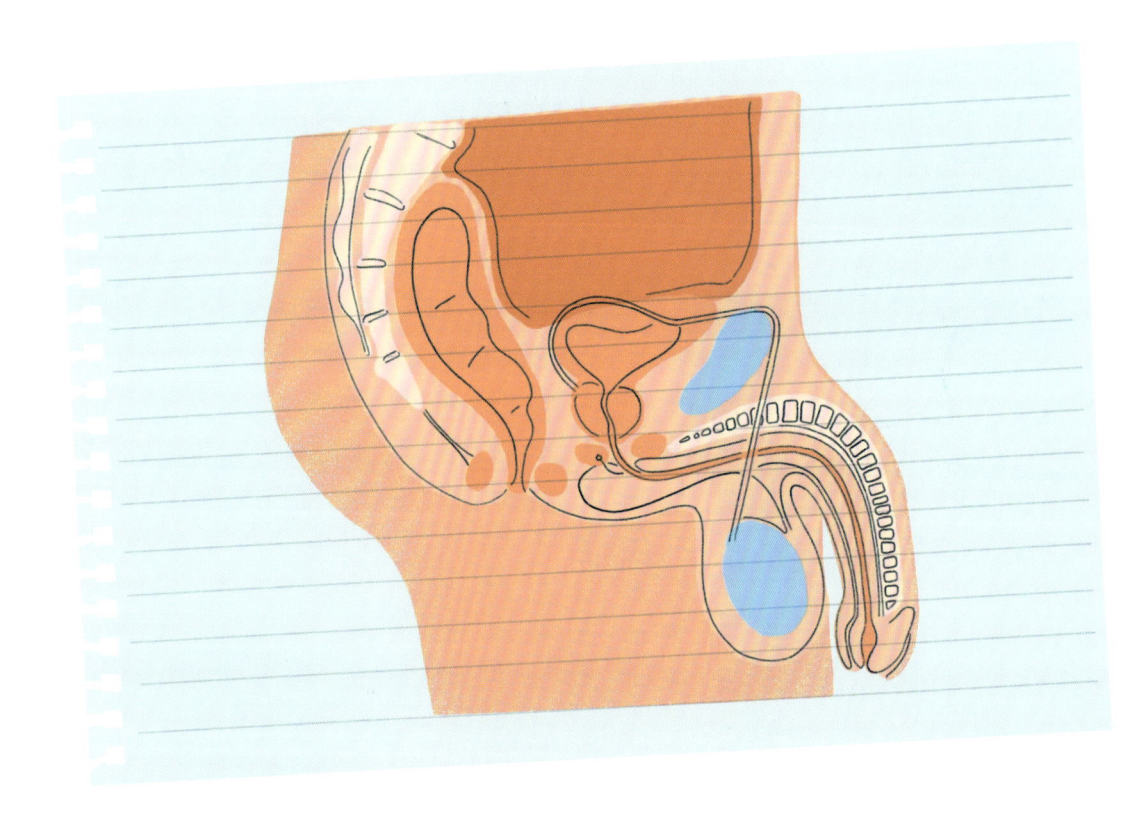

睾丸是块敏感地带，对于抚摸非常敏感，由此也可以带来非常愉快的感觉。抚摸阴茎也能产生快感。**因此，性器官可以说是个多功能工具。**顺便说一句，你可能已经注意到了，这里还可以排尿。

身体的别样变化 43

➡ 勃起，男生要知道的事情

早上醒来或者白天活动时，你有没有发现阴茎会莫名其妙变硬？
你摸了摸它，它是不是直立了起来？没错，这种现象就叫"勃起"！这是种自然生理现象，有时会以射精结束：一系列的收缩运动会将精子从睾丸中排出，混合在一种有点儿黏稠的液体中，我们把这叫作"精液"。如果这种情况发生在深夜，也别担心：是你的身体在锻炼呢！

解释：
人类和许多动物一样，雄性通过阴茎的勃起和射精可以让雌性怀孕：当阴茎变硬时，它就像个发射炮台，将精子"发射"到性伴侣的阴道中。如果精子在那儿遇到了卵子（雌性的生殖细胞），几个月后很有可能会有一个宝宝出生！一次射精射出的精液量通常不到一汤匙，但可以包含 1～2 亿个的精子哦。

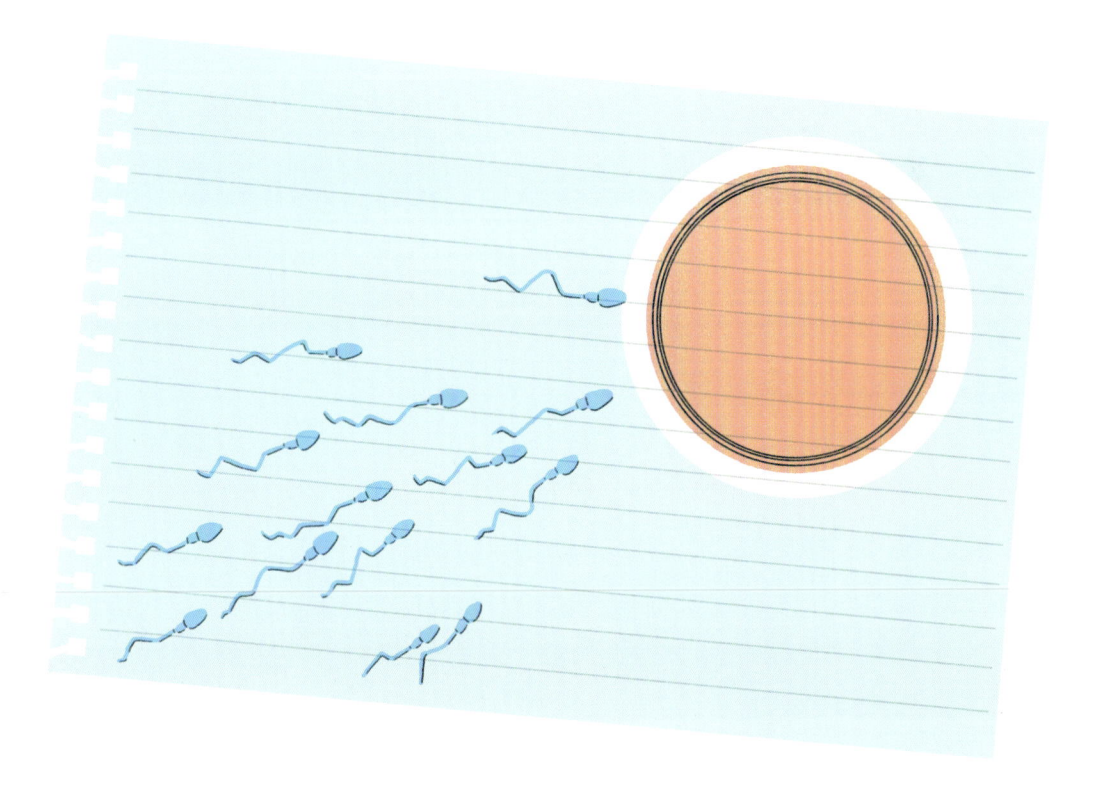

自慰是怎么回事呢？

几乎没有人不知道这件事，却很少有人好好谈论它！让我们一起来聊聊自慰吧！

➕ 睾丸可以分泌睾酮，这种激素促成了你从男生到男人的关键转变。也正是这种激素，会催生一些部位毛发的生长、变声的完成，以及勃起的发生。

自慰，也就是刺激身体上那些敏感地带，并由此产生快感：这些地方可能是性器官，也可能是身体的其他部位（比如臀部或者耳朵），一切因人而异。

自慰真的没什么可羞耻的，许多成年人时不时会自慰，就连我们的"灵长目亲戚"黑猩猩也会自慰。

但由于青少年身体发育还不完全，且心理并不成熟，过度自慰很容易伤身。

色情视频？要远离咯！

色情视频在互联网上泛滥，也许你会偶然看到（或者自己搜索到）这些视频。

在网上，大多数色情视频展现出的是一种缺乏温柔、尊重甚至是暴力的性关系。女性经常会被粗暴地对待，这并不代表她们的真实态度。现实中，没有女性希望被这么对待……

所以，删掉色情视频，远离色情网站，回到现实，认真学习、生活，你值得更好的人生！

个性形成的关键

你逐渐剥掉了幼儿的外壳，进入了一个全新的世界——"大人"的世界。
玩偶、彩笔、积木……全都拜拜咯！
初中学习、手机电脑、责任义务……你们好！
在这个人生的新阶段，你会更加自由，也要承担更多的责任，而大人们会期待你更加独立。
就和所有在未知领域里冒险的故事一样，青春期前期既有不安也有疑惑，激动人心的新发现也绝对不会少。
让我们从探索"你是谁"开始吧！

打开通往新世界的大门！

克服自己的胆怯

趣味测试：看你是不是自信心十足？

觉得自己一无是处，还有治吗？

小孩里的大个头，大人中的小不点

趣味测试：你的形象还好吗？

增强你的"自信力"

我好怕！

认识了个"大兄弟"

趣味测试：在朋友面前，你是什么样的？

重新充满活力

趣味测试：测测你的性格：是恶龙还是乌龟？

当心"名牌"！

个性穿搭

我生气啦！！！

情绪，有什么用呢？

打开通往新世界的大门！

如果这扇通往青春期前期的大门有点难以开启，那下面这些"钥匙"可以助你一臂之力。

转变之门：几个月前，你还只是个孩子。而现在，你有时会感觉身体都不属于自己。这变化来得快去得慢。又是变声，又是长痘痘……什么时候才是个头啊？有时候，你真的很想长大；而有的时候，你又想再去抱抱你的安抚玩具。别担心！就算这个过程有点别扭，你的身体会不断发育，你的个性会不断显现出来。

"钥匙"：和你的朋友还有家人聊聊这些困扰。有规律地做些运动，帮助身体发育起来。你还可以借此换换心情，转换下认知。

个性之门：有时，你会和他人发生一些不愉快，会被激怒，感到绝望或者悲伤。要想培养自己的个性，你就得面对这些难题！在一段时间内，你可能越来越不认同父母或者其他人的意见。这些让人心烦的冲突只要不是特别频繁就好，其实都是生活的一部分。

"钥匙"：别太着急，尽量保持冷静，尤其要耐心点。久而久之，你就有了一套属于自己的规则。

自由之门：你在家人和朋友眼里的角色将会发生改变。你得承担起新的责任了：你拿到了家里的钥匙，得自己坐公交……这份自由要好好把握，别做得太过火哦。

"钥匙"： 不过，在你体验这种全新的自由之前，先好好地问自己几个问题。这些变化会给你带来危险吗？当爸妈知道你要这么做之后，他们会有什么反应呢？通常来说，最好的解决办法就是向他们说明你的想法，征得他们的同意。这样他们也会越来越信任你哦！

爱与友谊之门： 慢慢地，你和朋友的友情会逐渐加深。你会感到自己的成长之路并不孤单。青春期，你也很可能会体验爱情这一既神秘又热烈的情感。

"钥匙"： 放松些就好，可以多和父母和朋友交流哦。

中学之门： 这是个充满新相遇、新事物的世界。你会认识很多老师，课程表也安排得满满当当，书包看起来也塞得鼓鼓的。你需要充沛的精力来应对紧张的学校日程，完成课后作业，准备课上小演讲……

"钥匙"： 记得给自己"充好电"，保证充足的睡眠和均衡的饮食哦。

克服自己的胆怯

你害羞吗？是不是已经无法忍受因一点小事就羞得满脸通红的自己？试试下面的行动计划吧！

为了增强自信，先从**找到让你感到困扰的问题**开始吧。

- 你不敢在操场上和其他人聊太多。
- 当你需要在他人面前表达自己的想法时，你会口吃。
- 你不敢向陌生人问时间。
- 当有人问你问题时，你一言不发。
- 当别人盯着你看时，你想钻进一个洞里藏起来。

你的目标，就是准备好面对导致这些问题的情绪。

以下是一系列挑战，可以帮助你进行训练。

第一阶段
向陌生人问时间。

第二阶段
走进一家商店，问店员至少3个问题，比如："这双鞋有绿色的款式吗？"

第三阶段
找到你从来不敢对话的男生或女生，和他/她聊聊天。

第四阶段
礼貌地向大人表达自己不同意他/她的观点，并且解释为什么。

第五阶段
校车或者春游大巴上，在你的伙伴面前即兴朗诵一首诗。

好啦，那现在你已经完成多少个挑战了呢？
就算你只完成了一个，那你也已经在进步了哦。
害羞可能和你暂时性的信心缺失有关，但这也是你性格的一部分。这并不是缺点，而是高敏感人格的一种体现。慢慢地，你会学会与自己的情绪相处。相信时间，未来你就会知道这种性格可以助你一臂之力！

个性形成的关键 **趣味测试**

看你是不是自信心十足？

❶ 提莫带球单刀来到球门前，打算从球门死角射门得分。而你是守门员，你会……

A 像橄榄球运动员一样把他扑在地上，并希望裁判没看到。

B 拼尽全力完成一次不犯规的铲球，阻止提莫射门。

C 闭上眼假装什么也没看见，进球就进球吧。

❷ 老师问你古埃及人生活在哪一历史时期，你答不上来。你会……

A 主动换个问题并说道："我更想聊聊考拉是怎么睡觉的，我超爱这个话题！"

B 回想起埃及艳后好像是从前的一位女王，于是回答道："和古罗马人同一时期吧。"

C 感到又害怕又紧张，安静得就好像是具木乃伊。

❸ 你第一次来到新学校，会……

A 在操场里转上一圈，并向所有人作自我介绍。

B 下课了，你找到另一位新生，打算跟他聊聊天，希望他能成为自己的第一个伙伴。

C 等着别的同学来找你聊天，让这个人成为你的第一个朋友。

选A更多些：超级社牛！
你真是自信心爆棚！但也许有点过了哦！要注意可别自信过了头，不然就要"吃红牌"咯！

选B更多些：正正好！
你对自己的信心不多不少刚刚好。请你继续保持：只要我们需要自信心，它就永远不会消失！

选C更多些：安静内向！
你对自己缺乏信心吗？这并不可怕！试着一点点地超越自己，多多和别人说"我敢"吧！

觉得自己一无是处，还有治吗？

你觉得自己是宇宙中最失败的生物？赶紧回到现实吧！

你认为自己缺乏个性，没人关注？喜欢说自己"一无是处"？知道吗，尽管大多数成年人现在看起来非常自信，但在他们年轻的时候，也被这些问题困扰过。放心吧，你的个性会逐渐形成。你的自信肯定会随着历练不断增长。

以下这些建议可以帮助你改善对自己的看法：

◆ 与其和别人比，不如和自己比。不要总强调卢卡斯打篮球比你好，你关注自己的进步就好：你得分比之前多了吗？运球有进步吗？对于那些你觉得自己真的很差的方面，做完这样的认知方式小练习，就会感到心宽些。

◆ 向朋友袒露你隐藏的优点。展示你更擅长的方面！比如你作为音乐家、舞者或厨师的才能。

◆ 对自己要求不要太高：不要设定过高的目标；学会对自己满意，哪怕只是小小的进步。

◆ 多关注别人对你的赞美：你配得上这些赞美！

小孩里的大个头，大人中的小不点

这个阶段还挺奇特！慢慢地，你不再玩小时候的那些游戏，变成了一个"大人"。不过要是跟成年人比起来，你可能会想自己还是像个小孩！"准青春期"的感觉也不总是很舒服呀！

> 我爸妈又把我当大人，又把我当小孩子看：自打我上三年级以来，他们就给了我家里的钥匙，可是，他们还是叫我"宝贝儿"，就好像我才两岁大似的！
>
> 梅尔，11岁半

➡ 一段必经之路

来到青春期前期，我们在人生的道路上又迈出了一步。之前从幼儿园到小学一年级这段时间里，你已经经历过一次蜕变。今后，你还会继续这样的闯荡，最后步入成年。看看那些奥运会上的柔道运动员吧：在登上领奖台之前，他们必须通过锻炼自己，打通不同的段位，最后才能获得黑带。他们经历过自我怀疑，也品尝过失败，但是，这些都没有阻碍他们成为冠军哦。

➡ **争取你的自由**

如果你可以承担一些责任了，就向大人们展示出来吧。比如，你自己一个人放学回家而且从来都是准点到家，那大人们也许就会对你放心，允许你下次去小伙伴家里玩会儿哦。

➡ **参与集体活动**

你在社团里或许能大显身手：比如戏剧社，或是象棋社……在青少年文化中心，你会有很多表现自己的机会。为什么不试试参加一个街舞社团，准备一个年末表演呢？

》》》

初中校园是我们茁壮成长的地方。小学四年级的时候，我们班一起参观了一所中学。那里的初中生们不怎么在操场上活动，但小学生们都玩在一起。我们甚至还和一些初一的同学踢了会儿球，他们之前也是在我们小学读书的。

》》》 罗曼，10岁

➡ **发挥你的创造力**

举个例子，你可以在学校发起一场"我创造价值"的活动，以支持儿童权利保护机构。实际操作方面可以请教大人，但你的意愿和想法才是最重要的！

你的形象还好吗?

❶ 早上,你在浴室里照镜子。你的第一反应是……

A "救命啊,恐龙!爸,咱家浴室里有只恐龙!"

B "我平时可不是这张明星脸,这肯定是水汽的效果。"

C "咦,这个帅气又健壮的小伙是谁?妈,你在洗手台前贴了一张模特海报吧?"

❷ 有个女生向你介绍自己,于是你看向了……

A 你的鞋子。

B 她的脸。

C 你在她眼镜里的倒影。

❸ 有朋友邀请你参加橄榄球比赛,你回答道……

A "我运动不行,我还是在赛后找你一起吃点心吧。"

B "可以,但我不够强壮,打中锋就算了,我可以试试打边锋。"

C "抱歉,我要去打职业赛,我可不会和小不点儿一起玩。"

我们对自己的评价会随着时间和心情而变化。沮丧时,我们容易贬低自己,看什么都是消极的,还会封闭自己(通常是一天到晚看手机玩游戏)。试着让自己积极一些,用心地做一些你喜欢的事情吧,找你信任的朋友或大人聊聊天,他们眼中的你可比你想象中要好。你的自信自然也就回来了!但如果这种沮丧的状况持续了很久,那就去看看心理医生吧,这样能好受些。

达米安·奥佩蒂
临床心理学家

选A更多:不咋样啊!

如果你认为自己形象一般,就稍微改变一下观点吧!先列出你的优点。越接受自己真实的样子,就越能成为大家喜欢的那个人!

选B更多:顶级!

你欣赏自己真实的样子吗?太棒了,你已经把握了重点:有几个缺点问题不大,关注优点更重要!太棒了!

选C更多:有点过头了!

喜欢自己确实很重要,可不要变成自负咯。不要小看别人,他们可能有你没有的优点哦(比如谦虚)!

增强你的"自信力"

想直面害羞、压力,以及对犯错的恐惧吗?试试从身边的"超级英雄"身上汲取灵感吧!

你认识的叔叔阿姨里有没有人从事急救工作,每天救人于水火之中?你的叔叔或舅舅是正直的人民警察?你哥哥的女朋友在网络平台上宣传保护环境的重要性,但也遭受过网暴?在你的周围,

>>> 我也有点缺乏自信,但我会用实际行动来改变这种情况。如果只知道对自己说"我是个废物"或者"我很丑",情况不会自己好起来。我知道每个人都有嫌弃自己不够好看的时候!我曾经尝试着换一个新发型,这样确实感觉自己好多了。

>>> 梅迪,14 岁

肯定有许多日常生活中的"超级英雄"。在你缺乏自信或经历考验的时候,想想他们是怎么做的吧。他们也会经历各种困难。快去找他们问问,如何以乐观和坚定的心态去继续自己的使命。他们会鼓舞你前进的!

我好怕!

对于疫情、恐怖袭击还有其他自然灾害,无论大人还是孩子,都会时不时感到恐惧。当遇到连大人都十分担忧的情境时,我们该怎么办呢?

➡ 疫情警报!

你肯定听说过冠状病毒,正是这种病毒导致 2020 年起新冠病毒在全球蔓延。和全球几十亿人一样,你也被影响了好几个月,没法去学校上课,也没法见到自己的朋友或爷爷奶奶。

刚开始的时候,许多青少年因为不能上学,可以在屏幕前尽情娱乐而感到高兴。但几个星期后,**有些人反而开始失落,甚至抑郁了……**

你也对此感到担忧吗? 你担心你的亲人或者自己会被这种病毒感染吗?这种担忧再正常不过。人类在面对未知的时候,通常就会想到最坏的情况,天性如此!如果类似的担忧再次产生,以下这些建议可以让你更加坚定和乐观:

◆ 接受这种害怕的感觉,它没什么不对!

◆ 只去看那些看起来合乎逻辑和积极的信息。

◆ 规划好你的主要活动(作业、游戏等):当我们安排得井然有序时,消极的想法会更难入侵。

◆ 放松下来,闭上眼睛,慢慢呼吸。

◆ 别睡得太晚:充足的睡眠能减轻压力!

◆ 告诉自己整个社会都在齐心协力应对这场危机,大家也会优先保护妇女儿童。

最重要的是,向你信任的大人**说出你的担忧**(如果他们不在你身边,也可以打电话或发微信)。即使你感觉他们自己也有些担忧,那也没关系,说不定摊开来说对他们也有好处呢。

》》》

那段时间,我们上网课、做作业、玩电子游戏,也和家里人一起做游戏。我们还读了很多书。我没感到害怕,但能回到学校,我还是有些开心的。虽然在家里也不错,但我可以和朋友们见面了。在课间,我们没有太多讨论这些,我们还是一如既往地玩了起来。

》》》 卢普,10 岁

➡ 救命！恐怖主义！

恐怖分子会通过发动袭击、杀害无辜者来试图恐吓他人，剥夺他们思考的自由。多可怕的威胁啊！当袭击发生时，感到恐惧、悲伤还有愤怒都是正常的。当这些情绪涌上心头时，要牢记以下几点：

恐怖分子寥寥无几
永远不要忘记，人类中的绝大多数，也就是数十亿男女，都渴望和平。他们不会使用暴力来强制别人接受他们的观点。

生活胜过一切
城市发生袭击后不久，人们就会重新走上大街，去参加音乐会、去餐厅，与朋友在咖啡馆的露台上谈笑风生。即使面对暴力，生活始终会重新占据主导地位。

你会被好好保护起来
在初中，学校会组织演习，让你学会如何在恐怖警报发生时做出反应保护自己。在城市里也是如此！警察、调查部门、军队、消防队……他们都在保护大人和孩子。放心好了！

> 我曾经想过这事是否会发生在我们身边，但在课间时、操场上，我们不怎么谈这个。发生袭击时，我们只是看看新闻。大概挂念个两三天，之后就抛到脑后了。我们谈得很少也很浅。所以，我一般会跟爸妈聊。
>
> 吉莱姆，11岁

认识了个"大兄弟"

你经常和比你年长的男生待在一起吗？他们是不是比你更自由？一起玩会儿没问题，但做朋友就要谨慎选择了！

➡ 选择"有益的"大朋友

如果这个"大朋友"和你有共同的兴趣，聊起来很投机，或是他给你提建议、喜欢与你分享他的经验，那他对你是很友善的！如果他尊重你，让你感觉像是他的弟弟，那就继续和他交往吧！他肯定会教你一些有趣的东西，并帮助你在生活中前进。

➡ 避免"有害的"大朋友

有时候，比你年长的某个或某一群男生，可能会有秘密计划，他们企图利用你做坏事。如果你觉得有人准备让你做傻事，你要警惕。他们会让你完成某种挑战吗？会想让你吸烟、喝酒吗？他们会让你提供各种"服务"来换钱吗？找个借口拒绝他们，尽量避免再和他们见面。如果不能立即断交，至少也要尽量少接触。

✚ 部分大孩子会有些凶，认为自己无所不知，不给你表达的机会。认识一些大孩子确实是有好处的，但通常与同龄朋友在一起你会有更多表达的自由。

趣味测试　个性形成的关键

在朋友面前，你是什么样的？

1 放学回家时，亚尼建议你去戏弄一只正在花园里打盹的大狗。

A 哪怕会被狗咬，你还是摇晃着栅栏，冲着狗叫喊起来。

B 你知道这样做很危险，但还是去做了。

C 你告诉亚尼以后再也不和他一起回家了。

2 诺亚想当班长：他私下里给了你一些糖，想让你投他一票。

A 你毫不犹豫地接受了，并为这个作弊者投票。

B 你拒绝了他，并告诉他这样的行为不能当班长。

C 你在全班面前揭发了他的行为。

3 在一次数学考试上，莉露悄悄和你说，她想要抄你的正确答案。

A 你悄悄地递给她你的试卷。

B 你装作没听见，继续做自己的试卷。

C 你举手向老师打报告。

选A更多：易受影响。
你可能倾向于听从别人的意见，从而得到他人的认可？问题是，他们想的可不总是好主意。学着在他们要求过分的时候对他们说"不"吧！

选B更多：通情达理。
只有当别人不会让你陷入危险时，你才会答应他们。你做得对！这样一来，当他们想带坏你时，对他们说"不"就更容易了。

选C更多：绝不动摇。
没有人能命令或影响你：你只听命于自己。坚强的个性确实大有用处，只不过也要记得，不要搞得太特立独行！

重新充满活力

你感到悲伤吗？不要自己一个人待着啦！不如临时邀请朋友们一起来一场体育比赛或玩玩桌游。

> 当我爷爷去世时，我去我朋友家过了一夜。不一个人沉浸在悲伤里，多想一些别的事情，这样我就会好受很多。
>
> 亚瑟，10岁

➡ 用拍照来释放自己吧！

你有智能手机、平板电脑或相机吗？
你可以摆些奇怪的表情来拍照，然后把这些照片发给你的朋友，别忘了发完就撤回。

➡ 欢笑不断

在很多视频网站上，喜剧演员们都有自己的表演秀！看看这些表演，能让你找回一些轻松愉快的感觉。

➡ 体育锻炼

就算你有点累了，也要出去放松一下：
跑跑步、跳跳舞、骑骑车或滑滑板。你的身体会自动产生一些让你开心的物质！

在一年当中，尤其是冬季来临时，感觉有段时间有些不好受是很正常的事情。

如果你感觉还是一直很累，可以向你的父母或医生求助。也许你就是缺了一点维生素。但要记住，**恢复能量最好的方法之一，就是在你的床上好好地睡上一觉！**

趣味测试　个性形成的关键

测测你的性格：恶龙还是乌龟？

1 弟弟突然走进你的卧室，可你一点也不想见到他时……

A 放任他在你的房间里捣乱。

B 你大声赶他出去，嚷着卧室是自己的私人空间。

C 你解释给他听，说自己不想和他一起玩，但可以给他一个玩具。

2 老爸不让你和朋友们一起滑滑板……

A 你收起滑板，躲进房间里生闷气。

B 你并不打算乖乖听话，一边生着气一边用滑板大摇大摆地滑出家门。

C 你打算好好协商一下，提议可以写完作业之后再玩滑板。

3 你最好的哥儿们和你喜欢的女生手拉着手走来……

A 你假装什么都没注意到，但心里决定再也不和他们说话了。

B 昨天还和和气气，今天就狂风骤雨。嗷嗷！恶龙要喷火了！

C 你忍住怒气，等待他们分开时再各自向他们询问。

选A最多：乌龟！
就像这只在危险时缩在壳里的动物一样，你常常忍气吞声，不愿释放情感。控制情绪有时确实是有用的，但偶尔也表达一下自己的感受吧！即使长大了，我们也有哭喊的权利哦。

选B最多：恶龙！
你很容易激动起来。拥有个性是很棒的，但要注意预防情绪爆发，可别把整个屋子点着咯！愤怒是有用的，但也要适度地运用哦。

选C最多：狐狸！
你很明白，比起无休止地生气发火，理性讨论更容易让他人理解自己。

个性形成的关键 · 趣味测试

当心"名牌"！

1 你和爸妈路过一家鞋店，里面正在卖最新款的球鞋。

> **A** 你继续走自己的路，完全没有注意到这家店。

> **B** 你提醒爸妈你的生日快要到了，要是能收到这样一份礼物就好了！

> **C** 为了能马上拿下这双鞋，你冲着爸妈哭闹了起来。

2 冬天来了，你去学校的时候最喜欢穿什么？

> **A** 一件毛衣，一顶毛线帽。品牌或外观无所谓，只要保暖就行！

> **B** 无所谓名牌不名牌，想穿什么就穿什么！

> **C** 不管天气如何，哪怕要冻感冒了，你也得从头到脚都穿着名牌！

3 你的哥儿们里奥是时尚的俘虏：他妈妈为他买衣服花费不菲，他在朋友面前就跟办走秀一样。

> **A** 你甚至没有注意到他总是不停地换衣服。

> **B** 你觉得他有点太过炫耀自己的衣服了，尽管如此，你还是很珍惜你们之间的友谊。

> **C** 你也幻想着父母能为你买名牌服装，不管他们要付出什么代价！

> 通过一个人的穿衣风格，我们确实可以了解别人是怎么想的。但是这种衣装打扮并不能说明他们理解时尚……
>
> 弗拉维安，15岁

选A更多：名牌有啥用！

对你来说，衣服是用来穿的。如果有人以此批评你，你就回答说：你的存在可不需要衣服上的标签来彰显。

选B更多：务实派！

如果名牌可以为你带来一点点独特的风格，或者是这些衣物结实耐用，那这个选择也挺不错！

选C更多：超级时髦！

你只追求名牌吗？名牌衣服穿得太频繁，它们也会变得很平凡哦！试着少穿点名牌，找回自己的个性吧！

> 我用颜色来树立自己的风格。我喜欢粉色，但因为我留着长头发，有时别人会以为我是个女生，这时候我就会赶紧表明自己是个男生，用低沉的声音说句话就行了。
>
> 亚瑟，13岁

名牌服装的问题在于它们价格昂贵，但款式却会很快过时。而且，你的身体还在发育：某些衣服，尤其是鞋子，其实穿不了很久！另外，名牌和高价并不能保障良好的产品质量。

时尚的步伐比你快多了！ 与其不停地试图追赶它，倒不如灵活运用这种潮流，发挥自己的创意，找到属于自己的风格！

个性穿搭

早在史前时代，衣服就已经存在了，主要是用来遮蔽身体的……但不仅仅如此！

服装并不能隐藏一切：一个大人哪怕穿得像个少年，也不会突然年轻30岁！而且服装也不能完全说明一切：有的同学哪怕穿着价值1000元的鞋子，也并不意味着他的父母非常富有哦！

➡ **衣服还有下面四种功能：**

保护： 保护自己免受气候、寒冷、阳光、昆虫叮咬等伤害。

掩饰： 通过隐藏身体的某些区域，尤其是私处，来保护自己的隐私。

吸引： 展现身体的优势或表达个性。

归属： 声明自己属于某个群体，例如印第安人头上的羽毛，又或是你篮球鞋上羽毛形状的品牌标志。

每当你选择服装时，**要平衡衣服的这些功能**。最好的衣服要能够：

◆ 让你既不感到太热也不感到太冷。

◆ 让你感觉美观。

◆ 让你保持独特，当然也不一定要在操场上过于引人注目。

◆ 你或父母没有为这方面花费太多钱。

个性形成的关键

就像那些被大家追捧和效仿、创造出独特风格的音乐家一样，这回轮到你来演奏属于你的作品了！你可以试着演奏这样的"音符"！

◆ 在脑袋上加一些独特的装点。
◆ 彩色鞋带。
◆ 饰品，比如帽子。
◆ 来一点点名牌元素。

> 我挑衣服时，会优先选和朋友一样的牌子。但如果没有我喜欢的款式，我是不会为了某个牌子而买一件衣服的。
>
> 亚瑟，10岁

你认为自己离不开名牌吗？一般来说，年纪渐长之后是会摆脱这种依赖的。到了15岁左右，许多青少年开始想要变得独立。比起把钱花在名牌上，他们更愿意把钱存起来拿去考驾照……

➡ **你的造型**

如果爸妈看到你的服装搭配没花太多钱的话，偶尔给你买几件名牌衣服，也不会太抱怨。

风格不仅限于衣饰。你可以练习一下步态，你的说话方式，磨炼你的幽默，或者背诵一些大家熟知且很喜欢欣赏的电影或漫画台词。

制作一条牛仔裤全程需要1万升水！购买二手衣服、从哥哥那里借衣服穿，都能保护宝贵的水资源，造福人类！

我生气啦！！！

愤怒，就像在生病时上升的体温一样。为了避免"发烧"，要学会在合适的时候表达自己哦！

在情绪爆发之前冷静下来！
你正在和爸妈交谈，但气氛逐渐紧张起来？你感觉自己就要爆发了？要谈的事情先放一边，告诉他们这件事之后再谈吧。毕竟这样讨论的话，最后并不会有好结果。

宣泄能量： 你有没有注意到，运动一会儿或者弹奏一会儿乐器，你就不那么容易生气了？所以，快去户外活动活动或者弹弹吉他吧，不要等到压力爆发后对着家人发火！

试着保持冷静地交谈，防止情绪激动起来！
通常来说，以相对平静的声音表达会使对方也降低自己的音量。如果对方没有这么做，提醒他你没有发火，并邀请他也这样做。

避免陷阱！
有些人故意想让你生气，然后以此指责你，而实际上你并没有生气！这时要保持冷静，装作什么都没听到就好。这样，你就能化解他们的阴谋。

把愤怒作为秘密武器。
随意发火，愤怒就会失去分量。如果你很少生气，那么在你提高嗓门的那一天，别人会更愿意听你说话。

如果你在交谈后仍然无法平息愤怒，
就让自己把气愤的事情写在一张纸上吧，然后扔得越远越好。你也可以趁邻居不在的时候，大声地喊出自己的心里话。这样做有时也可以舒缓情绪哦。

事先提醒！
在你的房间门口挂上一面海盗旗，提醒他人在你愤怒的时候不要靠近你的领地！

救命！
如果你总是很容易生气，那就试试学习柔道或空手道吧。在这两项运动中你会更好地控制自己的情绪，课上大喊大叫也没有任何问题。

➕ 生完气如果你心情好了些，那说明你的情绪合理地发泄了出来。但如果你感到心情更糟了，甚至有点受伤，那等到下次，在情绪不过于激动的情况下，试着重新表达自己的想法吧。

你正处于一个渴望得到他人认同的年纪。有时候，我们的确很难控制自己的情绪。无论是从学校带回家的情绪，还是家庭矛盾导致的情绪。当情绪一爆发，往往就像火山爆发。试着去感受和理解自己内心的感受，看看这种愤怒是不是真的来源于家庭。最好的方法，就是能够及时解释你的想法，而不是等不开心了再说。如果真的快要忍不住了，最好先一个人待在房间里或者出去散散步，让心情慢慢平复下来。之后再沟通，就不会带着那么多情绪了。

达米安·奥佩蒂
临床心理学家

情绪，有什么用呢？

你在看电影时流过眼泪吗？在年级比赛里大获全胜之后，你会开心地欢呼雀跃吗？当你无意中做错事之后，会不会感到有点别扭？

➡ **生活的趣味。**

有些情绪令人愉快，可有些则恰恰相反。但是，所有情绪都会伴随身体反应：脸红、心跳加快、出汗变多……即使有时候情绪带来沉重和压抑感，但它们的存在也是有意义的。

◆ 就像3D电影一样，这些情绪能让你的经历更加"生动立体"地刻在你的记忆中。

◆ 情绪能使你的身体适应你所遇到的情境，比如恐惧就会让你准备好避免危险。

◆ 情绪能充当信息的传递者，比如愤怒就能向别人说明他/她已经做得太过分了。

➡ **感受你的情绪！**

不要总是压抑和隐藏你的情绪。
既然大自然创造了欢笑和眼泪，那就好好享受这些时刻。**最重要的是，不要让这些情绪阻止了你的行动**。要记得：再怎么发火也不会让事情变好；被恐惧所束缚也不会帮助你脱离陷阱哦。

随着年纪的增长，你要学会感受和表达自己的情绪，而不是被它们淹没。
如果真的承受不住那些悲伤、愤怒或恐惧，就和身边的朋友或大人谈谈吧，他们会给你些建议。多分享多交流将有利于各种情绪的流动，避免它们毁掉你的生活！

通常，大部分人都能够在事情过去很久之后重新感受到那种在他们记忆中深深刻下的情感！

珍贵的友谊

你还是小男生的时候,也许就已经在操场上、楼道里或者小区里交了些朋友。
他们和你一起过生日,一起品尝饼干,一起进行骑士冒险,一起玩弹珠……
随着成长,你会慢慢发现,有些朋友能够和你共度比游戏更为重要的时刻:
幸福的时刻,艰难的时刻,对生活和学习困惑的时刻……尤其是分享那些小秘密。

趣味测试：朋友，就好像……

友谊的秘密配方
友谊 = 尊重
我最好的"哥儿们"……是女生！
一起找朋友吧！
忌妒心，真的罪不可赦吗？

趣味测试：你懂得保密的艺术吗？

秘密知多少
当心，危险！
爸妈不喜欢我的好哥儿们
保持联系！
为了和好，这么做吧！

趣味测试：你知道如何给自己"灭火"吗？

好友成群：谁才是最机灵的？
点子一箩筐

朋友，就好像……

❶ 在你眼中，朋友就像是……

A 亲兄弟，你可以毫无保留地向他/她倾诉秘密。

B 大英雄，哪怕他/她有时也会干傻事。

C 服务员，如果有什么事情自己不想做，那就交给他/她吧。

❷ 你跟朋友一起去食堂：你虽然吃完了饭，但还是感觉肚子空空。你会……

A 问朋友是否愿意把他/她的苹果给你吃。

B 你不敢跟他/她要他/她没吃的酸奶，毕竟他/她之前从不送你礼物。

C 你毫不客气地拿走了朋友的甜点！

❸ 你所在的手球队正在争夺冠军：你最好的朋友坚持想要参加比赛，但他/她在运动方面其实很差。你会……

A 建议他/她做替补：在需要时你会让他/她上场。

B 让他/她当队长，这样朋友才会对你满意。

C 你坚决拒绝让他/她参加比赛。

选A更多：朋友 = "另一个我"

你已经明白，要写下友谊的美好篇章，不仅要学会"给予"，还要学会"接受"。干得好！

选B更多：朋友 = 领袖

要注意咯，你们的关系如果并不平等，恐怕这份友谊也不会持续很久。如果你总是迁就他/她的任性，不停让渡自己的利益，那这位朋友可能只是想来利用你。给你一个建议：去寻找那些你真正能感到关系平等的朋友吧。

选C更多：朋友 = 小弟

你的朋友可以为你"赴汤蹈火"，你可真幸运！但如果你能更愿意分享，那他们肯定会更开心。向你的朋友证明自己不是个只会占便宜的人吧！只会使唤他人，这样的友谊并不牢靠哦。

友谊的秘密配方

以下是一些助你建立友谊的"原料"。

懂得分享：一起吃点心，一起玩游戏……两个人一起的时候通常更愉快！即使你很伤心，与他人倾诉后也会变得不那么痛苦哦！

保持自我：塔奥是你最好的朋友，所以你就要穿得和他一模一样，就模仿他？然而，这样反而可能会让他更恼火！多展示你真实的个性吧，这才是他喜欢你的原因。

懂得原谅：自从穆萨有了新朋友，你就好像不认识他了，他也不再和你说话。但如果有一天，他想和你见一面，想回来找你玩，哪怕之前他把你抛在脑后了，这一刻也尝试找回你们之前的友情吧。如果不计前嫌，那么感情会比以前更加坚固！

为他人着想：你遇到了一个向你介绍他朋友圈的新朋友？但也不要因此抛下你最好的朋友！介绍你的新朋友和他的朋友圈给你最好的朋友认识吧。

倾听、理解、给予……这些都是构建友谊的重要材料。现在，该到你来调配和创造属于自己的友情"圣水"啦。

友谊 = 尊重

> 我不太清楚为什么，但"朋友"听起来比"小伙伴"更重要！
>
> 罗曼，10 岁

友谊是至关重要的，因为这是你在家庭之外建立的第一种联系。通过扩大朋友的圈子，你将获得独立，而且不会感到孤单，还能助你成为将来想成为的人。友情重在分享：分享自己独特的世界、喜欢的事物、共同的兴趣，但也要发现并向对方展示自己的不同之处。因此，我们可以从这种交流中获益匪浅，并收获真正的快乐。而且，我们还能感到自己变得更强大了！

达米安·奥佩蒂
临床心理学家

> 我对友谊最美好的回忆发生在卡布勒通［卡布勒通（CAPBRETON），是法国西南部朗德省的一个市镇，位于大西洋海滨。——译者注］的海滩上。我在那里偶然碰到了自己的好朋友，可那里距离我家足足有 300 公里远呢！我们在海浪中玩耍，感觉真的很开心。
>
> 马林，10 岁

如果不想失去朋友，那就千万不要这么做：

跟朋友撒了太多谎……

背信弃义，不信守承诺

在背后取笑朋友

泄露了他们的小秘密

利用朋友给自己"撑面子"

我最好的"哥儿们"……是女生!

朋友如果能互补最好!我们可以和个子较小或身材高大的人交朋友,和在不同文化中成长的人交朋友。一个男生最好的朋友也可能会是一个女生。

》》》

我在我的邻居家认识了一个女生。当时我们才一两岁。现在,她五年级,我上初一,但我们依然是朋友。

》》》 马修,12 岁

》》》

我最好的朋友是女生。跟女生的友谊的确不同于跟男生的友谊。据说男女之间的友谊可能会变成爱情,但并不总是如此。比如我俩,感觉就更像是兄妹情谊。

》》》 玛洛,13 岁

➡ **考虑一下吧!**

蕾拉是空手道蓝带选手,她的数学成绩也名列前茅,并且总是能巧妙地解决别人的难题。她这不是和提米奥一样优秀吗?为什么不能成为你的朋友呢?就算她是一个女生,又怎样呢?在友谊和生活当中,我们要放下偏见!

➡ **勇敢地接受吧!**

男女之间的友谊有时会引起一些嘲笑。如果你们能一笑了之,那当然是最好不过。当然,也不排除那些带有恶意的伤害。这种情况下,笑笑就好,别当回事!不把注意力给这些人,是让他们闭嘴的最好方式。

好消息!在任何年龄阶段,男生和女生,男人和女人,都可以成为朋友,不是非得谈恋爱!有点像兄妹或者姐弟之间的关系。

在19世纪，北美洲发生了一场白人和印第安人的种族战争。但在这场战争中，印第安酋长科奇斯与一个名叫托马斯·杰斐逊的白人建立了深厚的友谊，从而缓和了数年的战斗。传说科奇斯折断了一支箭作为和平的象征。这是一个值得效仿的例子！

一起找朋友吧！

你转过学吗？或者搬过家吗？下面这几个小诀窍或许能帮助你轻松地结交一些新朋友。

➡ 先找出他们！

通常，在开学时，不少新生都会感到有点孤单。通常来说，他们很好辨认。他们的处境其实和你一样，他们也非常希望有人来找他们说说话。

➡ 抛出"诱饵"！

只需要迈出第一步就好了。多一点勇气克服羞怯。

深吸一口气，然后说出那句"诱饵"吧：

"你是新来的吗？"
"你住在这附近吗？"
"你读几年级？"

不可思议的是，靠这三个简单的句子，也能创造与同学**短暂交谈的机会**。等到下次课间，或者当你在小区遇到他们时，与他们的交谈会更轻松啦。

➡ **能与别人亲近的好点子！**

尽量多找些机会，去向他人展示自己的兴趣爱好，让大家眼前一亮吧。你喜欢打游戏？那就来尝试一下像素艺术！你可以画一把斧头、一把剑或者游戏中的角色，拿来装饰你的身份牌，或者制作成钥匙扣也可以。你很喜欢看漫画吗？在操场的楼梯上摆几个造型，再带上几本你最喜欢的漫画书。如果你真的没有其他点子了，那就穿上你最爱的那身球衣吧，这样你应该很快就能吸引到和你支持同一支队伍的球迷了。

忌妒心，真的罪不可赦吗？

先不管忌妒心是不是个缺点，问题在于：忌妒心从来都不能让人得到想要的东西！

> 我忌妒我的邻居，因为他加入了我们这片最好的足球俱乐部。哪怕我没有入队的水平，我也真的很想顶替他。
>
> 亚历山大，10岁

➡ 你也会忌妒吗？

看看你周围。你会因为某件东西自己没有而他人有，或是某件事情自己做不到但他人却能做到，而产生忌妒：提莫的运球、蒂法的智能手机，马克西姆他哥的一身肌肉，诺阿爸爸的汽车，萨沙的父母，埃斯特万家的罕见品种的宠物，蕾拉的空手道奖牌和她的数学成绩……

我们也喜欢朋友们身上与自己的不同之处。但要知道，向往代表着渴望。所以人总羡慕或忌妒自己没得到的（比如，你朋友手里的一款游戏或者他/她的某种性格特点）。忌妒朋友，也有点像忌妒兄弟姐妹：我们会感觉别人比自己更受喜爱。但是，这只是投射了你内心的恐惧（而不是现实），你只是担心自己不被人喜欢。当你了解到这一点，或许就可以更容易接受这种忌妒心了。

洛尔·波利
儿童心理医生

➡ 怎样避免被忌妒蒙蔽？

首先你要明白，忌妒的代价比它带来的好处要多得多。
你可以花一个小时写下所有能让你产生忌妒的事情。别忘了多准备点纸！

或者花一分钟思考一下，一年内**你真正能取得的成绩和得到的物品，列出三样**。比如，获得空手道黄带，考一次语文高分，还有在新年收到一部新手机。这样再开始不就挺好的吗？然后，你要**找到实现这些目标的简单方法：**

◆ 请求父母帮你报名参加一个培训班学习空手道。
◆ 每天在语文课上多花 10 分钟。
◆ 如果在学校过得一切顺利，你的父母可能会在来年春节送给你第一部手机哦。

>>> 我已经踢了两年足球了。之前，有个朋友加入了我们的俱乐部。但一年后，他的水平比我还好！我还挺忌妒他的，但这并不妨碍我们继续一起踢球。
>>> 亚瑟，10 岁

就这么回事！
如果你按照计划行事，可能就不那么忌妒别人了。而且，你还会实现三个对你很重要的目标。这下，**轮到你写下真正想要的东西并付诸行动了！**

你懂得保密的艺术吗？

❶ 威廉的游戏机被偷了，但他不想说出来，他害怕被人报复。

A 你在网上发布视频并报警揭发此事。

B 你向自己最喜欢的鸵鸟学习："不说，不看，不听。"

C 你建议他和父母谈谈。

❷ 你喜欢上了莉露。虽然她很不好意思，但还是告诉了你：她也喜欢你。

A 你满世界嚷嚷，还给朋友发短信："莉露超喜欢我，但我还是少说两句吧，如果大家知道了这件事，她会疯的。"

B 即使你也喜欢她，但当有人谈到这个话题时，你会装作什么都没听到，直接变哑巴！

C 承诺保守秘密：如果你们的感情是真的，也许你可以和最好的兄弟谈谈，她也可以告诉她最好的闺密。

❸ 最近三周父母总在吵架，你很困扰。

A 你告诉全班同学你的父母要离婚了。

B 你情绪低落，任由学业成绩下滑，却不告诉任何人。

C 你找到最好的朋友，问他是否能帮你找到解决办法。

选 A 更多：你个大漏勺！
你藏秘密的地方是个"会漏的竹篮子"，放多少，漏多少。确实，大家挺乐意听你讲这些，但是要记住，堵住这些漏洞。否则你的朋友知道了心里会不舒服的。

选 B 更多：你是魔术师！
在你这儿，秘密将永远消失……你既不泄露自己的秘密，也不泄露他人的。至少，在保持沉默这方面，我们可以依靠你。不过，偶尔也要打开你的魔法盒子哦：你的朋友会很高兴能在你的盒子里存放一些秘密，也很乐意与你交换秘密。

选 C 更多：你是杂耍大师！
你对保守秘密的诀窍了如指掌，懂得保守真正的秘密，必要时也知道说出其他秘密。太厉害了，你简直就是个保密艺术家！

秘密知多少

和最好的朋友，你肯定分享得最多。你们一起玩、一起开心，有时还一起吃点心……但你真的能与他分享所有的秘密吗？

小秘密：没问题！你在游戏中找到了一个隐藏通道？你可以向你的朋友透露这些！他也肯定会与你分享他的小秘密。

大秘密：谨慎点！你可以保留一些事情，比如你患有隐藏的疾病，或者你的表弟在蹲监狱……无论如何，在你没确定你的朋友不会泄密之前，千万不要说出你最重要的那些秘密。想知道他可不可靠？最简单的方法就是先向他透露一些小秘密。

紧急情况！如果朋友悄悄向你说了自己的难言之隐，比如他在家庭中遭受暴力，或在学校放学后被一些人欺凌，那你就要试着说服他去跟值得信任的大人谈谈。如果他拒绝这么做，打算继续忍受，那就只有一个解决办法了：你直接去告诉能帮上忙的大人。这样的"泄密"可以救朋友！

你的朋友有了些消极的想法？他刚刚失去了他的祖父或者猫咪？他的父母离婚了？你的朋友很伤心，他还向你透露自己正在考虑伤害自己，甚至自杀……把这事说出来，就是在帮他/她！你可以向学校负责学生心理健康的老师求助。他肯定知道哪里有心理诊所，你的朋友在那里可以得到帮助。当然，这个建议也适用于你自己……

洛尔·波利
儿童心理医生

你的朋友会故意伤害自己吗？你曾经也有过自残行为吗？"自残"是一种秘密的纾解痛苦的方式。如果父母不是最适合的倾听对象，去找温暖知心的老师或医生谈谈吧。

当心，危险！

你曾是暴力事件的受害者或目击者吗？你被敲诈过吗？你认为自己曾遭受过侵犯吗？如果是这样，即使那些伤害你的人威胁你说出来就把你怎么样，你也要毫不犹豫地向可靠的大人讲出事实。

以下这些情况，一定要向可靠的大人说明：

◆ 摩根自己用小刀偷偷给自己文身。
◆ 朱尔放学时被人勒索（被抢走物品或钱），但他不敢说出来。
◆ 有成年人对你的身体做出让你不舒服的行为（比如抚摸你的私处）。

列出一个"信赖名单"，找到可以向他们透露这类痛苦秘密的成年人：你的姨妈、校医、体育老师、哥哥……
如果你不想和父母或老师谈论你或你朋友遇到的危险，那就打报警电话110吧！这通免费的电话，能帮你找到可以回答你问题并能让你安心的人，他们对这类情况非常有经验。

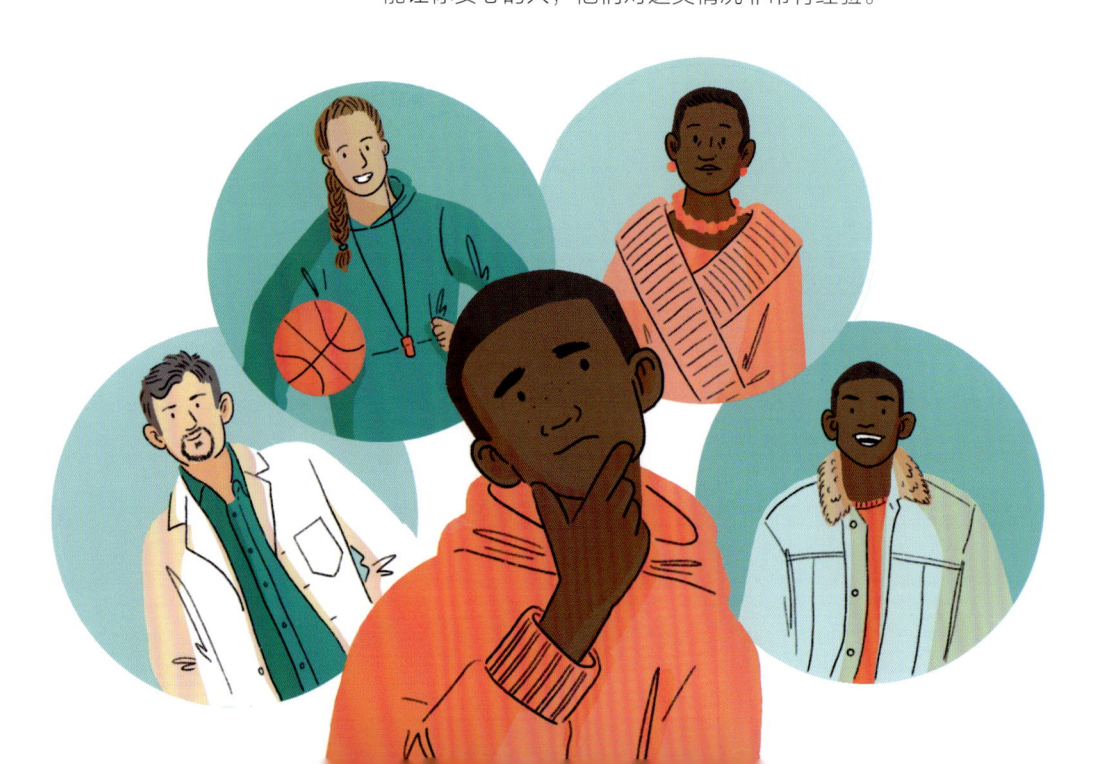

爸妈**不喜欢**我的好哥儿们

首先,你得理解你的父母。他们担心你交错朋友,选择会把你带坏的狐朋狗友。那么,如何应对这个局面呢?

➡ **介绍一下吧!**

首先把你的朋友介绍给父母。找个理由,比如你需要去房间找些东西,然后让他们在一起待上10分钟。你还要让父母知道**你因为朋友取得过哪些进步**。举一些具体的例子。你的朋友给你推荐过有趣的书籍或游戏吗?他有没有为你讲过题?与父母聊聊这些,他们可能就会改变想法了。如果朋友比你年长,可以继续用例子让他们明白,朋友像**哥哥一样在保护你**,而不是在利用你。

父母依然批评你交友不慎?那你可就要好好思考一下了,想想家长说得对不对。你的"朋友"只是一个试图利用你的"熟人"吗?**好好问问自己吧!**

保持联系！

你最好的朋友要转学或者换个城市生活了，你们要怎样保持联系呢？

早在古埃及，人们就常以信件沟通；如今，写信依然是维系友谊的坚实桥梁！给朋友写封信吧，你可以用隐形墨水写点秘密，或者在信封上粘贴一些奇怪的拼贴作品。如果你去度假，那就给他发一张有趣的明信片，他一定会很高兴的！

偶尔给他打打电话或视频一下，告诉他你的近况，谈谈你的新班级，你在滑板方面的进步……

在电脑或智能手机上，许多应用程序可以进行实时对话、发布消息和照片。但别忘了仔细阅读条款：有些应用程序仅限于 13 岁以上的人使用哦。

想要友谊常青，真人面对面一起待个几天往往最有效！去问问父母，可不可以邀请朋友一起度假！

珍贵的友谊 87

为了**和好**，这么做吧！

你刚和朋友发生了激烈的争执？你刚给父母吃了"闭门羹"？每个人都可能被自己的情绪压倒……

当你的愤怒平息下来时，问问自己是否有必要继续争吵。通常，吵架往往不是单方面的错，而是双方的责任。无论如何，**和好才是最终的目标**。重新和朋友沟通，不是让自己难堪，而是**让友谊更加稳固**。

这次争吵不是你先挑起来的？ 那就做个聪明人吧：等待冲突平息后，**平静地**向挑起争吵的人**要一份解释**或一句道歉。又或者无缘无故就发脾气的人是你，并且你因为这个行为觉得自己很傻？**等你冷静点就去道歉吧**："抱歉，我乱发脾气了。要不我们来玩一局牌吧？我保证不作弊！"说完后，你心情会好很多。

当你想要和好时，不一定要试图为刚刚的行为辩解，愤怒并不总是能用言辞解释清楚的。**一个简短的道歉往往足以获得谅解**。

如果你刚刚上初一，如何不让自己在这个新世界中显得那么无助？看谁都不服的态度，挑衅斗殴都只不过是掩饰。展现自己的力量有时确实可以隐藏自己的弱点。但这样可能会陷入对自己不利的局面哦。

洛尔·波利
儿童心理医生

趣味测试 | 珍贵的友谊

你知道如何给自己"灭火"吗？

当你怒火冲天、情绪渐渐失控时，你更像是哪种类型的动物呢？公牛、狐狸还是蝾螈呢？

❶ 你在篮球比赛中犯规了，再犯错就要被罚下场了……

A 你把球砸向队友的脑袋，给他点教训。犯规也有他的份儿。

B 你将愤怒转化为对胜利的渴望，用三分球连续得分，从而弥补了你送给对方的罚球机会。

C 你更加注重与团队的合作。因为失误而给团队带来惩罚，不用太过较真。

❷ 你的弟弟自打一刻钟前就在模仿你，试图让你发怒……

A 你逮住他，逼他洗个冷水澡。

B 你冲了个冷水澡，好让自己冷静下来。

C 你耐心等待，因为你知道弟弟会停下来的。

❸ 课间休息时，有同学称呼你为"臭獾"……

A 你用实际行动告诉他，愤怒的獾不但抓人还会咬人。

B 提醒他你这只"獾"的柔道功夫了得，但最后你还是选择走开，而不是跟他过上两招。

C 你不吭声。你知道在中世纪的小说中，獾被认为是最聪明的动物之一。

选 A 更多：公牛！
当怒火燃起，你会毫不犹豫地埋头前冲，让事态无法收拾。消防员的建议是：别再火上浇油了，不然你可能会更受伤哦……

选 B 更多：狐狸！
怒气冲冲时，你有能力转化愤怒的能量或不让情况恶化。有点智谋通常是应对困境并赢得尊重的好方法。

选 C 更多：蝾螈！
传说中，它是唯一能够抵御火灾的动物。智慧的佛祖都曾说过，"心怀愤怒，就像攥着一块热炭准备把它扔向别人，最终也会伤害到你自己。"

好友成群：谁才是最机灵的？

能认识一群朋友很不错，可以让人不再孤单，玩得尽兴还能开阔思维。不过，前提是这群朋友不能太排外。

成为一个群体的一部分会让人感到更强大也更自信。然而，群体效应也可能让每个人变得更加愚蠢！取笑他人，对别人的服装或说话方式指指点点，这就是在**滑向骚扰他人的歧途**。如果你被学校开除，甚至被法官处罚，你的小伙伴可没法为你辩护哦。

找些能与你处得来并彼此促进的朋友吧！比如你们有**共同的兴趣**，或是可以**互相帮助**……总之，要聪明地交朋友！

如果你们**时常分享见解、开放思想**，那在这个良好的基础上，你的小团体也许能存在很久，也许在成年后，你们还会继续聚在一起哦。

点子一箩筐

集体活动能做什么？那可真是说不完！

>>> 我和朋友喜欢邀请对方来做客，听一听我们刚在网络上或我妈的手机上发现的音乐片段。

>>> 亚瑟，10岁

>>> 我是一群"小疯子"里的"书呆子"。在他们当中，我显得格格不入，但我觉得和这些"怪家伙"一起四处闲逛也挺有意思。

>>> 亚辛，14岁

>>> 我的学校不怎么样，大家会根据你的外表和穿着来评判你。但幸运的是，我交到了一群朋友，不然我可能就让我父母帮我转学了。

>>> 恩佐，11岁

你有朋友会演奏音乐吗？为什么不让他/她参加音乐节！又或者你考虑组织一次户外拍照比赛，为此，你在小区公园里找出不同的拍摄对象（垃圾箱、树……），然后让大家猜猜看其他人会拍下什么。1、2、3，出发！看谁是最棒的！

世界清洁日的时间是每年9月。抓住这个好机会！快和朋友们挽起袖子，一起清理街道和海滩上的垃圾吧！

神秘的情感

诗人雅克·普莱维尔（Jacques Prevert，1900—1977）
法国诗人、歌唱家、电影编剧。他是法国二十世纪著名诗人，同时也参与多部电影台词及歌词创作。他最著名的电影作品是《天上人间》（1946）和《巴黎圣母院》（1956）。——译者注
他曾说："世界上没有什么七大奇迹，奇迹就只有一个：那就是情感。"
有一件事是肯定的：就像埃及的金字塔或巴比伦的空中花园一样，情感的故事源远流长。
如果我们数一数，就会发现这样的故事自史前时代以来已经有数百亿个了！但最令人惊奇的是，每个情感故事都是独特的：或脆弱，或坚固；或简单，或复杂；或智慧，或热情……
想再多了解这个人类自古便拥有的神秘感情吗？请翻开这一章节吧。

> 趣味测试：你准备好迎接这种特别的情感了吗？

有关"喜欢"的词句
停止偏见！
我和女生大有不同
女生喜欢什么样的男生？

> 趣味测试：友情之上？

> 趣味测试：她是不是喜欢上你了？

如果你不想被女生讨厌？
呃……我，我喜欢你
当一切都结束
我喜欢你……但我不……

神秘的情感

喜欢：有点，很多，还是一点也不……
你准备好迎接这种特别的情感了吗？

❶ 如果要问和女生有关的一个问题，你会问……

A 她们是怎样取得好成绩的？

B 如何让她们喜欢你？

C 如何避免她们霸占足球场？

❷ 对你来说，最美丽的故事是……

A 你父母的故事。

B 罗密欧和朱丽叶的故事。

C 丁丁和他的小狗米卢的故事。

❸ 对你来说，"女生"的同义词是……

A 女生朋友。

B 女朋友。

C 妹妹。

❹ 2月14日是……

A 花商们编撰出来的消费借口。

B 情人节，情侣的专属日。

C 2月13日的后一天。

选 A 更多：有点。
拥有一段早恋故事不也挺好的吗？但你不太清楚是怎么回事。要知道，特别的情感是需要耐心等待的，你得有足够的时间去遇见它。

选择 B 更多：很多。
你准备好和热烈的情感撞个满怀了，但可不要让它完全迷倒你。我们喜欢上一个异性的同时，也不能忘记自己的朋友和责任，这样可以避免麻烦！

选择 C 更多：一点也不。
对你来说，女生似乎是来自另一个星球的生物，你对她们真的完全不感兴趣。情感总有一天会来到你的身边，但在那之前，好好享受你的友谊和游戏吧！

有关"喜欢"的词句

喜欢或崇拜。每个人都有自己的方式来表达情感!

爱的谚语!
- "相爱之处,永远不会有黑夜。"非洲谚语
- "每一个吻都是一朵以心为根的花。"佚名
- "温吞水的情感还不如一条沙丁鱼!"西班牙谚语
- "心动就会爱不停。"魁北克谚语

"我已经谈过恋爱了!过程不太顺利,一开始朋友和父母总是笑我,我也很困扰,但这并没有阻止我喜欢她。直到有一天,她不喜欢我了,我到现在也没真正明白为什么。"
雨果

"我喜欢过4个男生,但有1个还没来得及喜欢上我就转学了。实际上,我想等到假期结束再向他表白。但是,他在新学期时就转学了。我应该早点告诉他的!"
莉拉

"我非常害羞。在舞蹈课上我是唯一的男生,就有机会认识很多女生!我喜欢过班上的女生。"
克雷芒

"我喜欢的第一个女生超级漂亮。但我花了两年的时间才意识到她也很自私!现在,我喜欢上了另一个女生:她不是很漂亮,但至少不笨。"
亚瑟

"以前,我确实喜欢过他。渐渐地,我们不再聊天,我也以为自己忘记了他。后来我们重新成了朋友和知己。但一年后,我还是喜欢上了他。"
朱莉娅

停止偏见！

我们经常发现有关女性的误解！许多广告总是宣扬她们只喜欢购物和做家务的偏见……更糟糕的是，这些刻板印象使男女之间的不公平持续存在。快停下！

不对，女生可不比男生脆弱哦。科学证明，女性比男性更能抵抗疲劳和某些疾病。事实上，女性的平均寿命比男性长5岁。

没错，女性可以从事各种各样的职业，没有限制！许多女性是企业家、科学家、农民、飞行员或消防员。越来越多的男性也在选择从事保姆或助产士等职业！

神秘的情感 97

没有任何理由让男性逃避做家务和教育子女的义务。在电视上经常看到女性做家务、照顾孩子，这些广告早该改改了！男性在追求性别平等方面还有很多方面需要进步：购物、洗衣服或为宝宝换尿布，这些也是他们的责任。

不管是在社交媒体还是操场上，性别歧视难免存在。勇敢地与这类歧视进行斗争吧！

我和女生大有不同

一般来说，女生的青春期比男生开始得更早，这让人更容易理解为什么一些女生更愿意与比自己年龄稍大的男生相处。

有些男生似乎比其他人更擅长与女生相处。来看看他们是怎么做的吧：

◆ 他们很大方地与女生交谈，而你更喜欢和朋友在一起。

◆ 他们似乎相当自信，而你还有点害羞。

◆ 他们给人一种成熟的感觉，而女生们看你就像看一个小孩。

为了让你更受欢迎，再去读读书里关于"害羞"的部分吧。再去创造些与她们聊天的机会。你们肯定有很多话题可以聊！

如果你喜欢音乐，而莉露刚好背着吉他穿过操场，你们就可以从你喜欢的乐队或乐器展开对话。

不过，说时容易做时难！这些小技巧不一定能帮到你。相信时间吧。随着你的成长，你肯定会遇到那个让你萌生爱意的人。

女生喜欢什么样的男生？

幽默，排名第一。

"我更喜欢普通点的男生，聪明但不要太狡猾，免得让人头大，要有幽默感，但也别幽默过了头。" 艾米莉

"我最喜欢他的幽默感。起初，我不太想和他说话，但他总能逗得我笑个不停。最终，我被他迷住了。" 艾洛蒂

"我喜欢那些有点叛逆，带点艺术气息的男生，但我也真的不喜欢为此就骄傲自大的家伙。" 米米

"如果有男生送我一串交叉心形的项链，我会超级心动。" 珍妮

"我最喜欢那些沉迷游戏的男生！不不不，我当然是在开玩笑！我更喜欢那些愿意陪我聊天的男生，而不是24小时都在打游戏的人。" 莉雅

"我不喜欢那些整天讲荤段子的男生。自以为很有趣，其实蠢透了。" 艾萨图

"他刚转到我们学校时，特别友善和体贴，几乎所有女生都喜欢上了他……" 珍妮和莉拉

友情之上？

如果你和一个女生相处得特别好，好到让你有了这个疑问，那么就从回答以下测试开始吧。

① 你觉得她特别……

A 美丽。　　B 超级友好。　　C 幽默。

> 与我相互喜欢的人也是我最好的朋友。但和朋友不同的是，我在和她在一起时会更注意言行。
> ——保罗

② 你什么时候会想起她……

A 每天24小时想个不停。　　B 每天也就10分钟。

C 当你有事情要问她的时候。

③ 你想送给她一个礼物，你会选择……

A 一条带有你名字的手链。　　B 一条带有她名字的手链。

C 一本漫画书。

④ 如果和她拥抱一下……

A 你做梦都在想着这一刻！　　B 为什么不呢……

C 你就没考虑过这事。

⑤ 对你来说，假期就是……

A 地狱，因为你会想念她。　　B 给她寄明信片的好机会。

C 很棒，因为可以玩得开心。

选A更多：真的喜欢。
你很可能是超级喜欢她！注意一些小细节，你会知道她是不是也对你有感觉哦。

选B更多：友情以上。
你很喜欢她。如果她喜欢和你在一起，就享受这种关系，不用瞎想，时间会让真相大白！

选C更多：普通朋友罢了！
男生可以和一个女生做普通朋友！好好享受这段友情，不用理会那些不尊重他人，乱起哄的人。

她是不是喜欢上你了？

在以下情况中，你有多少事和她一起经历过？
当你和她说话时，她的脸变成了红番茄和胡萝卜之间的那种颜色。

> 她非常想把你介绍给她最好的朋友认识。

> 她总偷偷瞄你，用笔袋遮住炽热的眼神。

> 她经常和你的朋友聊天。她想邀请你参加她的生日聚会。

> 只要有机会，她就会坐在你旁边。

> 哪怕你的笑话再烂，她也会给你捧场。

> 她从不忘记过来跟你打招呼。

> 她会评论你在社交媒体上发的所有照片。

> 她的短信几乎要把你的手机内存填爆了。

> 她坚持要和你一起组织活动。

> 当她和你擦肩而过时，总有几句话说。

> 你打电话给她时，她一般都会马上接起电话。

少于5种情况：不确定！
她可能只是觉得你很好。每两周重新做一次这个测试，看看你的分数是否有增加吧！

5到10种情况：你有机会！
她很可能喜欢上了你。等一段时间再迈出第一步吧！如果你太早行动，反而可能不会顺利哦。谁知道呢。

超过10种情况：应该是！
这些情况在现实中发生过，真的不是在你梦里发生的吗？如果你向她表达试试呢？这就谁都说不好了。

《《《
要知道一个女生是否喜欢上了自己，我会看她回短信要多久：如果她总是设法尽快回复，我会想她可能已经有点感觉了。
》》》 里奥

《《《
我现在不想谈恋爱。我更喜欢和我的朋友们一起玩！
》》》 珍妮

如果你**不想被女生讨厌**？

你可能要失望了，并不存在什么百试不爽的秘诀，不过，还是有一些好用的建议：

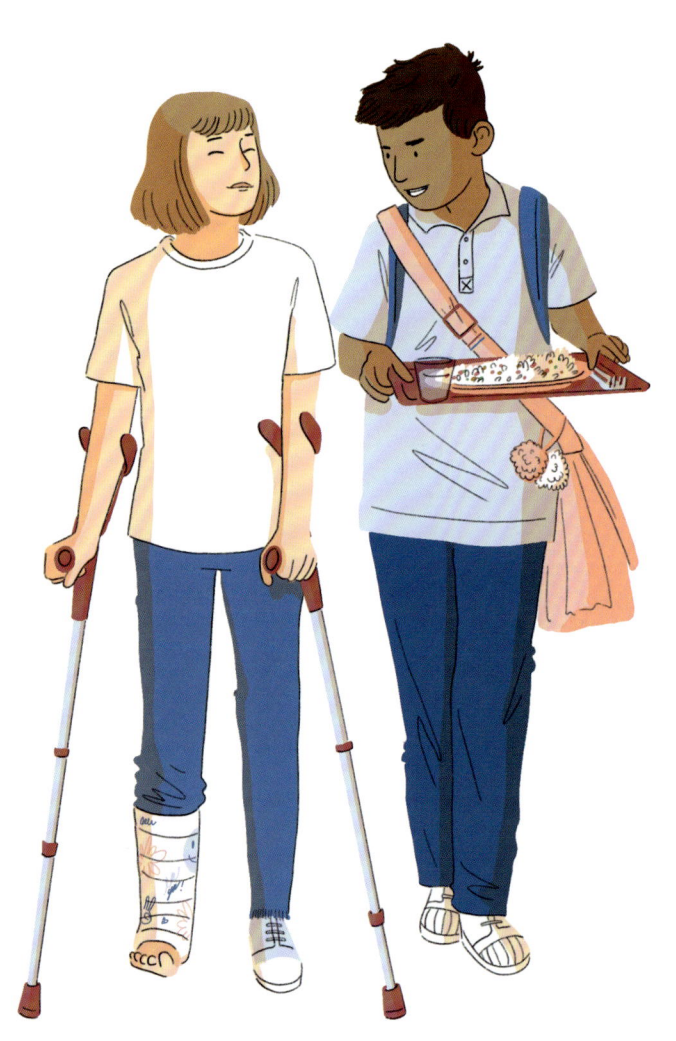

体贴：如果你足够体贴入微，就能很快明白女生不喜欢在休息时间被打扰或被笑话。向她们证明你不是傻瓜吧，就这么简单！

帅气（但别太过火）：突出你的优点和爱好。在对话中适当地透露一些信息，比如你会打业余柔道或是会弹奏乐器。不过有些细节就不用提啦，比如脏掉的空手道服，被你弄坏的吉他……

默契：想了解女生，最好的顾问是自己的耳朵！好好地聆听她们说话吧！自以为是，装腔作势，招惹她们……这只会让你显得更幼稚。更好的方式是建立默契！

低调：和女生拥抱过？可别在课间和网上吹嘘这事。喜欢可不能太早就公之于众！如果感情不断壮大，变得更加稳固，你总会有时间去公开的。

接下来轮到你继续充实这份指南了！

😊 　　　　　　　　　　　　　　　　　　　　　　　　神秘的情感　103

➕ 自嘲一下，谈谈自己的小弱点吧。这也是展示幽默和谦虚两种品质的方式。这样做，不也挺机灵的吗？

写在最后

仍然要记住，喜欢一个人是值得认真对待的事，而不是某些人嘴里的"钓女生"游戏。换句话说，这是一次双向选择，尊重是必须的。

➕ 通过一些小小的关心来表明你的感情：例如送她一张生日贺卡……

👍 ◆ 不要在对话中贬低她们。

👍 ◆ 不要大声评论她们。

👍 ◆ 平等对待她们！

呃……我，我喜欢你

以下是一些传达情感的点子！也有一些真的很糟糕的主意。

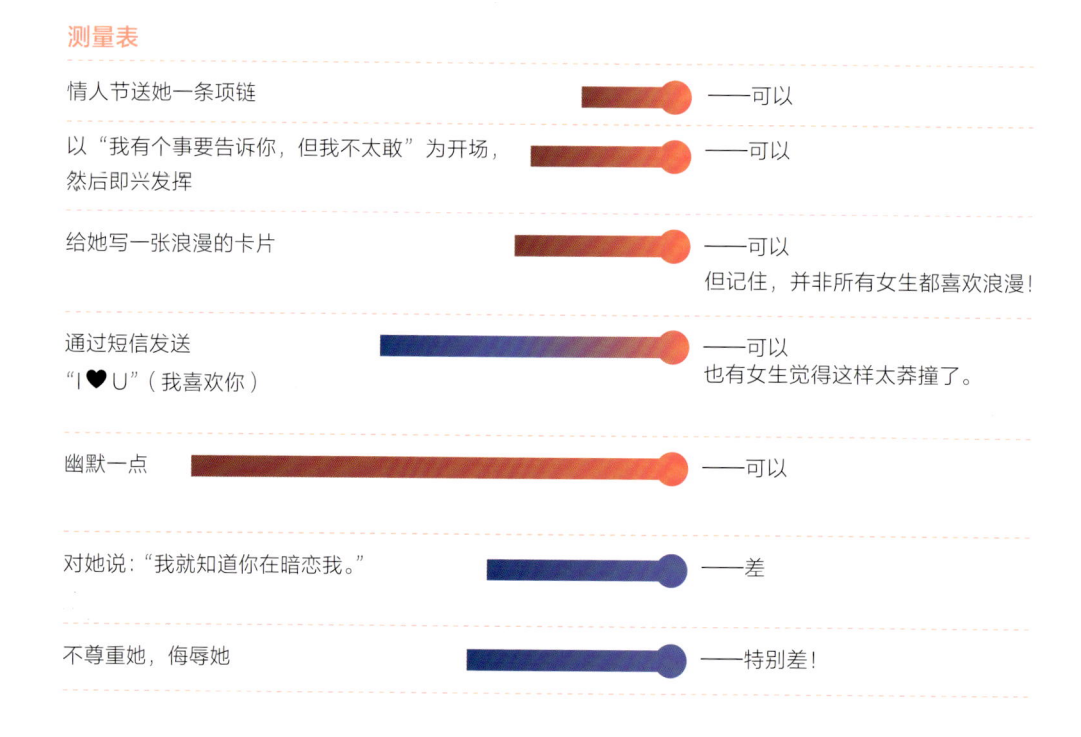

测量表

方法	评价
情人节送她一条项链	——可以
以"我有个事要告诉你，但我不太敢"为开场，然后即兴发挥	——可以
给她写一张浪漫的卡片	——可以 但记住，并非所有女生都喜欢浪漫！
通过短信发送"I ♥ U"（我喜欢你）	——可以 也有女生觉得这样太莽撞了。
幽默一点	——可以
对她说："我就知道你在暗恋我。"	——差
不尊重她，侮辱她	——特别差！

有男生会在女生的宿舍前竖起一个 4 × 3 米的字牌，或者跨越整个地球来表达他们的情感，但不是所有人都要这么做。你也一定会因此产生一些好点子！

我喜欢你……但我不……

玛歌刚刚向你告白……但问题是，你并不是特别想答应她。

冷静地回应：与其粗暴地说不，或者取笑她，不如**换位思考一下**。想象如果你站在她的位置上会怎样。没错，你会需要一些安慰的话语，这些话语不会让你感到羞耻，也不会让人太难过。

回答要有分寸！ 避免使用"我觉得不行"这样的短信。玛歌可能已经暗恋你很长时间了。如果你太不在意她的感受，她可能会感到受辱。**花点时间单独和她解释一下吧**，但绝对不要当着其他人的面！她可能会感到不快，但会感受到你的尊重。

要怎么和她说？ 实话实说！你只是想和她做朋友吗？你觉得自己还没有准备好开始一段感情吗？你对女生的兴趣不是很大？你现在更想打打游戏、交交朋友吗？**就直接告诉她你的想法**，不要夸大其词。

当一切都结束

在一场早恋里，得到和失去都让人猝不及防。如果你喜欢的人离开了你，你得挺住，不要让自己的心情跌落谷底。首先，要远离消极的想法。

不，她离开你并不代表她很"糟糕"！ 只是，她不再喜欢你了。你有权对生活感到愤怒，甚至对她感到不满，但绝不能侮辱她。即使这听起来很难，但你必须接受这个事实。

而你，你也不是"太差劲"！ 在你这个年龄，恋爱关系通常持续不了多久……如果你在一段感情中对对方缺乏关注，并且她也因此责备过你，那么为了你的下一段感情，记住这个教训。最终，你会重新找到幸福。

"我再也不会动感情了！" 你那么喜欢她，以至于你认为再也不会有如此美好的经历了吗？错！永远不会停止书写！你只是刚刚结束了一个章节，但随着时间和勇气，你终将翻过这一页。

写在最后：想要从失恋中走出来，就不要孤独地与悲伤相伴。 找你的朋友倾诉，他们会倾听你，安慰你。干点自己喜欢的事吧，这样能驱散自己消极的想法。时间和友情最终会让你重新获得信心和笑容。

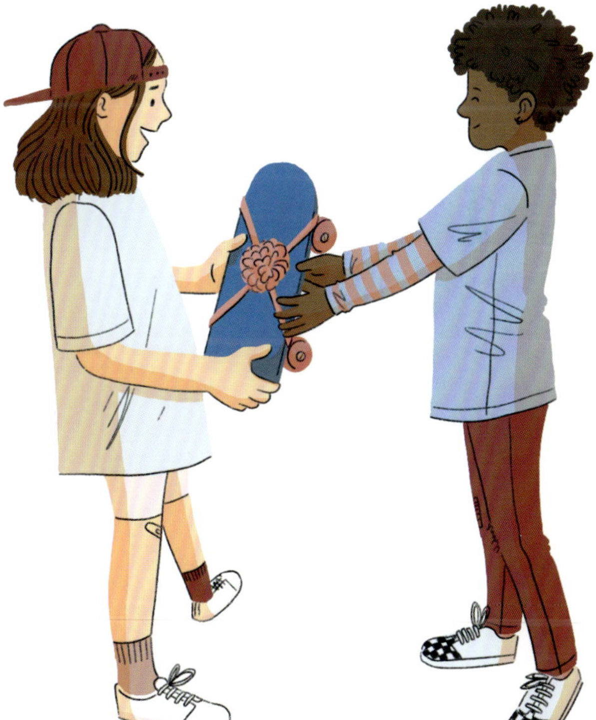

中学：全新的世界

教室、操场、走廊、几棵树，以及站在黑板前的老师——上了小学，你对此就很熟悉。但到了中学，一切都变了，你将向青春期迈出一大步。经历成长，不再被当作小孩来看待，这确实感觉不错，但这种变化也可能让你感到有点不安。
放心吧，下面章节里的建议和点子将帮助你在初中这个新的世界中探索，让你不会在其中迷失……

趣味测试：各就各位，准备，开始！

准备迎接新学期……
重大的日子
掌控时间
任务：安排时间！
世上无难事，只怕有心人
个人学习规划：黄金法则
初中生活：查词典
作业时间
初中生守则
这都是谁？
当班长，感觉真不错！
班长守则
学科一点通
压力来袭！
淡定一点？行得通吗？
侮辱和嘲笑：巧妙回击
你目击过欺凌事件？
我是班里第一名
雨点般的红叉……
救命，我要补考了
智力飞涨
取得成功的好点子
不想上学？
你英语说得好吗？
不，就是不！
打破沉默的法则

中学：全新的世界　趣味测试

各就各位，准备，开始！

1 对你来说，准备上初一意味着……

A 跟换根鞋带没啥区别。

B 为了想起之前学的知识，要拿出笔记好好复习。

C 复习并背诵你六年级的所有课文。

2 你认为中学是……

A 一个终于让你获得自由的地方。

B 一个作业留得更多的地方，还要承担更多的责任。

C 一个危机四伏的丛林，在那里唯一的生存方式是努力学习。

3 你一想到初中，就会觉得……

A 呃，初中……我不太了解耶。

B 迫不及待地想要开学，看看会是什么情况！

C 救命，我好紧张！

初中入学是一个巨大的变化。你可能会有点迷茫。
最好的解决办法，就是找到一个"入学搭子"：也许是开学第一天坐在你旁边的那个人。和他/她一起上下学吧，一起探索中学的世界会更令你安心。

基特里·圣马卡里，中学教师

> "开学前，我本希望初一还能和朋友们待在一起。可惜！他们在其他班，也有朋友去了其他中学。开学的前几天，我真的好紧张。但幸运的是，我和坐在我旁边的托马相处得很好。他是我在初中最早认识的朋友。认识他之后，我交了好多朋友！"
>
> 马修，12岁

选A更多：打起精神！
开学的日子越来越近，是时候醒醒了……你还可以继续享受假期，但别等半天才回过神来。本章的建议将帮助你逐渐准备好进入初中。

选B更多：准备好了！
好样的，你为开学已经做了一些准备，但也不要忘记休息和享受假期哦。你的入学应该会顺利进行。

选C更多：有点紧张。
放心，你并不是一个人。每年有数百万的学生经历初中入学这个阶段，而大多数人的学校生活都会很顺利。

中学：全新的世界

准备迎接新学期……

温暖的沙滩，舒缓的骑行，或与朋友们笑声不断的夜晚……你度过了一个美好的假期，不过马上就要开学了，不要等到最后一天才开始着手准备哦。

在大多数初中学校里，学校会给未来学生的家长提供一份按科目划分的文具清单：笔记本、铅笔、三角尺等。

通常，开学的第一天不上课。班主任会给学生们介绍有关学校的事情，并交给大家一些表格填写：个人信息表、课程表，并发放教科书。大多数情况下，教材都是学校提供的。

弗雷德里克·皮凯
中学教师

➡ **初一开学前**

如果你认识一些初中生的话，多向他们提问，方便为你的入学做好准备。

与父母一起熟悉一下校园，这样等开学那天，你就不会感觉自己像刚来到一颗陌生的星球上了。

你的大脑还停留在"游戏"模式吗？是时候醒醒了！复习一下你六年级时的笔记，回忆一下之前学过的知识。

找到你的手表（它可能就在你的枕头下）。如果你睡得太晚，就会难以适应新学期的节奏……

提前几天准备开学所需的物品，包括中学生不可或缺的文具：钢笔、白纸、直尺、量角器、圆规、计算器、记事本……

在法国，小学六年级结课时，大多数学校会带学生参观最近的中学。他们有时还会和中学生一起上几个小时的课！

重大的日子

新学期开始，通常会有迎新生活动。你也肯定会见到学校的校长。总之，欢迎来到你的世界！

再也没有代课老师了。在初中，情况会很不一样：每门学科都会有一个专门的老师！语文、数学、历史、地理，还有政治、外语、生物、音乐、美术、体育……一下子就多了好多老师。幸运的是，每个班都有一名班主任，大家都可以依靠她/他。在开学的那一天，你也会见到他/她。

>>>
我上初一的时候会因为开学感到很紧张。我父母不太明白为什么。他们只是告诉我："没人能逃过这一关，这是一个必须跨越的阶段。"但实际上，我很快也就适应了，认识了新朋友。今年，我要上初二了，没什么好担心的。

>>> 布巴卡尔，12 岁

中学：全新的世界

家长通讯簿能使你的父母与学校进行沟通。他们要知道你有没有缺席、迟到这类情况。别忘了每天晚上向父母汇报！这本宝贵的册子还能让他们了解班主任或其他老师传达的信息。

在最初的几周里，你可能会觉得**有点迷茫：**

◆ 学校就像个迷宫一样。
◆ 在小学六年级，你是学校操场里的大人物，但自从开学以来，你又在青少年的王国里成了小不点。
◆ 你担心失去以前的朋友，又不敢认识新朋友。
◆ 你有很多老师，但有些似乎不太幽默。
◆ 考试比打雷还可怕，随时随地都可能发生。
◆ 你的课程表上见不到几个空格子，少得就像月球上的居民一样。

你需要找人拿拿主意吗？ 去问问管理操场、餐厅和保卫处的学校后勤人员。他们与学生关系更亲近一些。通常，他们会和学生以"你"而不是"您"相称。

课程表

	周一	周二	周三	周四	周五
8h00					
9h00	生物	技术课	语文	音乐	英语
10h00	历史 地理	历史 地理	数学		生物
11h00	语文	英语	历史 地理	英语	数学
12h00					
13h00					
14h00		体育		语文	美术
15h00	数学				
16h00				生物	物理 化学
17h00	物理 化学				

所有进入六年级的学生都会有疑惑，但他们未必敢向老师提问。如果你有勇气举手询问餐厅、图书室或学校生活办公室在哪里，班里人托你的福都会轻松不少！去问问那些对你来说最容易接近的成年人吧！

基特里·圣马卡里
中学教师

有件事你尽管放心，其他同学未必比你更适应新环境。老师们通常对初一新生都更友好，知道新生至少需要一两个月的时间来适应和找到方向。

掌控时间

在初中，你要面临的挑战之一就是安排好时间，去适应日程安排。很快，你就会习惯这种生活了。

➡ 记事本使用方法

在日程安排中，你可以**提前安排**每一天的活动。有些日期可能已经被填满，比如元旦。你可以根据实际情况逐步填写其他日期，例如：

周四 24 九月
数学考试
带角尺

周日 10 一月
出发上滑雪课！

周五 13 十一月
图书馆搜集
希腊神话资料

周一 16 十一月
公园，5点半集合

周五 20 十一月
希腊诸神主题演讲

周六 23 三月
小缇生日派对（如果她邀请我的话）

中学：全新的世界　115

你要把作业带回家写。 日程表可以帮助你提前安排，以免让自己不堪重负。事情少的那周可以提前完成作业，这样事情多的那周就不会太忙了。

搬动一块 100 公斤的大石头可不轻松，但是将 25 块 4 公斤的石头分开逐个搬动就要容易得多。学习也是如此，每天晚上都做一点，不要让它堆积起来把自己压垮。

你刚刚上完地理课吗？在同一天的某个时间，花几分钟时间复习一下。定期复习，刷新课上知识在记忆中的印象很重要。你可以花一些时间研究中国地图的轮廓，这是初一的课程内容。

弗雷德里克·皮凯
中学教师

记事本还包含许多有用的信息： 学校哪天放假，让你提前幻想一下假期；世界地图，让你在地理方面变得无所不知；空白页，让你随心所欲地发挥创意……

除非你总是能取得出色的成绩，而且紧急情况不会让你感到压力，否则不要等到最后一刻才开始做作业。

任务：安排时间！

日历、记事本、时间表：想把时间安排好？有它们就不难！

✚ 午餐时间既能让你填饱肚子，也可以放松大脑！这段时间就不要再刻苦学习啦。如果下午上课前能休息好，你的学习会更加高效。

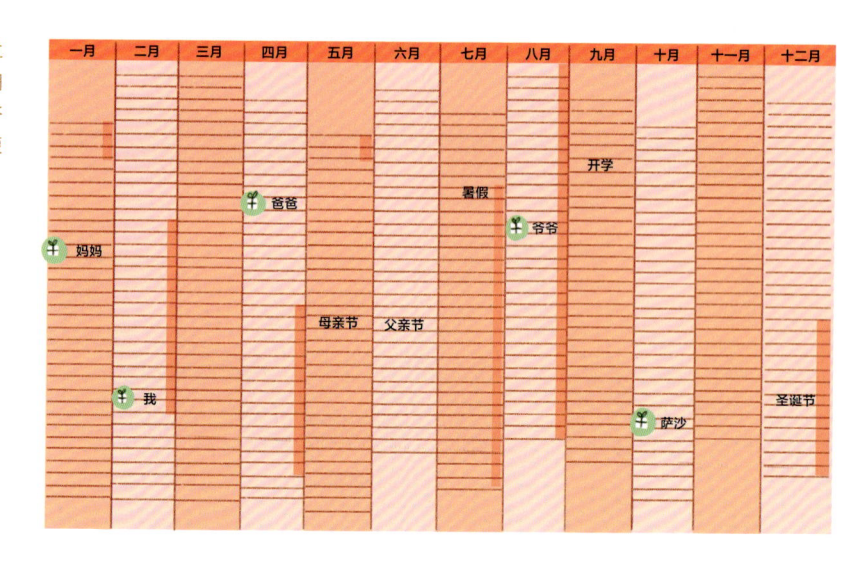

一月	二月	三月	四月	五月	六月	七月	八月	九月	十月	十一月	十二月
								开学			
			爸爸				暑假				
妈妈							爷爷				
					母亲节	父亲节					圣诞节
			我							萨沙	

日历，是一年的概览，看日历能让你提前知道各种安排，以免忘记任何事情。把它贴在家里你学习的地方，然后逐渐填上你朋友的生日、学校的外出活动等。

记事本，要保持更新，记下老师布置的作业。

时间表，可以记录所有必要的时刻。你可以选择不同的颜色来标记，比如将课程时间标记为蓝色。用一种颜色标记课外活动。剩余的时间是你可以自由安排：写作业、打游戏，还是睡觉……你需要在这些活动之间进行合理安排。

尤其晚上在家里时，记得给自己设定优先事项，从而更好地利用个人时间。

优先事项1：数学作业。

优先事项2：复习历史。

优先事项3：看完你最喜欢的书，或者打通你最喜欢的游戏。

如果你还是不能合理安排时间，拿一张纸，在表格中列出下周的每一天（包括周末）。用一种颜色标记出作业要在哪天开始做。再用另一种颜色在你计划完成这些作业的日期上做好标记。你还可以再多规划一周的时间，效果会更好！

基特里·圣马卡里
中学教师

世上无难事，只怕有心人

➡ **困难 1：**

你想玩但作业还没写完？

解决方案：给每个活动规划好时间！先完成作业，完成后再休息。相比花一个半小时一边做作业一边玩，花一个小时做作业，半小时再玩耍的效果会更好！

➡ **困难 2：**

你很难集中注意力吗？

解决方案：为自己打造一个专门做作业的空间。最好是在你卧室里的书桌上。避免干扰！把游戏机和零食都放在房间外。如果你需要安静，可以在卧室门上挂个牌子："请勿打扰，我在学习"。你也可以在饭桌上写作业，但前提是你不会被人没完没了地打扰。

无论是在家还是在课堂上，你都需要能让自己集中注意力的环境。关闭游戏机，将手机调至飞行模式。

弗雷德里克·皮凯
中学教师

个人学习规划：黄金法则

➡ **星期五晚上，安排下周的学习和生活**
你要先了解下周的安排，预测下未来。

➡ **好好规划下一周**
规划你的学习时间。如果你下周五要做一个课堂演示，不要等到周四晚上才开始准备，将任务切分成小块分散到几天内完成。

➡ **交替学习不同的科目**
为了避免自己学到心烦，你可以稍微变换一下科目，但不要分散注意力。每天学习三个不同的科目已经不错了。

➡ **休息一下**
20 分钟的学习配上 5 分钟的休息，这个循环重复三次，可以让你在一个小时内持续学习而不会过度劳累你的大脑。

➡ **好好倾听和表达**
在课堂上好好听讲并积极互动，是获得进步的最佳方式！

➡ **选择最有效的时间点**
你上了一堂柔道课，今天已经累得不行，那就别再搞太难的学习任务了。利用比较轻松的日子来进行深入的复习吧。

➡ **课余时间，先人一步**
老师不在时，你最好去有成人监管的自习室。这可是你提前完成本周作业的最佳机会。

➡ **还得学会适当放松！**
良好的规划能让你避免把一大堆学习任务堆积在一起，你会有更多时间来放松和娱乐。要知道，偶尔的放松是大脑的必需营养。

初中生活：查词典

➡ **图书室**
也叫信息与文献中心。这是一个图书馆，你可以在这里借书、学习，甚至可以在你需要查找文献资料以完成作业时来这里寻求指导。

➡ **留校**
这是一种惩罚，意味着在其他人玩耍的时候，你必须留在学校里学习。

➡ **班级委员会**
这个非常重要的会议，每个学期或学年举行一次，与校长、教师、学生代表和家长代表一起参加。它可以总结每个学生的学业进展、成绩以及行为举止。

➡ **职业生涯咨询老师**
也就是负责职业规划的心理老师，是一个可以为你提供职业信息的"魔法师"。你会从初二开始的时候经常遇到他/她。

➡ **教导主任**
教导主任是学校生活的负责人。如果你做了错事，在见校长之前，他是你可能会遇到的最后一个人。

➡ **体育教育**
字如其名，其实就是体育课！

➡ **自习**
自习室是用来在两节课之间或教师缺席时自己学习的地方。通常会由一名经验丰富的老师进行监督，确保教室秩序井然！

➡ **班主任**
有时我们会给班主任取外号……

➡ **校长**
也就是你学校的负责人。

➡ **生物课**
生命和地球科学可以让你了解为什么斑马有条纹，也可以让你了解关于自然界的许多令人兴奋的信息。

➡ **班会**
这是专门给学生用来表达的时间，你可以在这时提出改善学校生活的建议，并为班级委员会做准备。

➡ **教导处**
这是一支监督学生是否缺勤的团队，主要由教导主任和班主任组成。影响你学业的问题，他们都会管。比如你迟到了，就必须去教导处找他们。

作业时间

注意！
老师可不会一直手把手带着你，尤其在初中！有些老师不会在黑板上写下所有作业内容。一定要在你的记事本上记下他们口头布置的作业哦。

➡ **首先是作业要求！**

有些老师会留给你一些需要回家完成的作业。

首要任务：**好好记下作业要求**。你可能认为这个练习是"计算 3870 中有多少个 34"，而你的同桌写下的可能却是"34 乘以 3870 等于多少"。为了避免自己理解错误，可以向老师或尖子生们请教哦。

➡ **作业辅导**

如果作业做起来有点难，可以考虑报名参加**作业辅导班**，一般在你的学校或一些教育机构里都有，一些青少年文化中心也会有作业辅导班。**让人教你写作业可不是惩罚**，只是在你感到不知所措时请别人帮你一把。

中学：全新的世界　121

➡ **主题演讲：该你准备稿子了！**

从初一开始，你就要就某些主题准备材料了，有时你还需要在课堂上进行演讲。比如说"古罗马时期的角斗游戏"。为了步入演讲的竞技场，一定要提前做好准备！

◆ 对主题进行研究，材料不仅限于互联网。杂志和书籍是最好的信息来源。

◆ 你可以向校图书室或市图书馆的负责人请教，以便为你选择合适的材料。

◆ 列出信息来源，以便编写"参考文献"部分。

◆ 给演讲制订一个计划。让自己回答以下问题：给谁？什么事？在哪里？怎么样？为什么？

◆ 收集图片来进一步解释你的主题。别忘了为图片加上标题。

◆ 你需要在全班面前展示你的作业吗？那就在登台演讲前进行练习，例如你可以在父母面前模拟演讲。按照你的思路声音洪亮地进行演讲吧，可不要把头埋在稿子里哦。

演讲并不是复述从互联网上复制粘贴来的文字，而是需要你用自己的话语总结收集而来的材料。毕竟老师们也会用电脑，他们有可能会对你的材料进行核查，要注意咯。

《《《
上次我在做演讲时要在黑板上写点东西。结果，我背朝着大家做的演讲，感觉有点尴尬。

》》》 梅迪，14岁

初中生守则

你升入初中之后，可能需要学习文明礼仪规范。那么，如何将这些规则付诸实践呢？

➡ 在学校，要践行传统价值观

具体要求： 尊重他人，"己所不欲，勿施于人"，比如，你不能嘲笑其他人的着装方式、音乐品位、宗教或肤色，并且学会待人和善。具体来说，就是和大家"互帮互助"。

➡ 初中是接受教育和集体生活的场所

具体要求： 一般情况下，在学校禁止使用手机，同样禁止携带动物或饮用含酒精的饮料。

➡ **尊敬长辈**

具体要求： 对大人们应使用"您"和"您好"，"你"和"嗨"就留给和朋友说吧。如果你不喜欢被命令，不如好好想想，你越是配合，就越没有人和你唠叨这些了！

➡ **爱护公共财物**

具体要求： 如果你在书桌上写字或随地扔垃圾，就好像一个马夫在伤害自己的马，你也伤害了帮助你成长、学习和进步的好帮手。中学属于你，好好珍惜吧！

课外活动和校外旅行的氛围比课堂更轻松，但不要因此而忽视这些行为准则的存在哦。

无论在学校还是在日常生活中，都应该尊敬长辈，无论他/她是保洁员还是服务员哦……
想想看，即使有的老师今年没有在你们班上课，明年也可能会遇到你，所以，不妨给他们留下一个好印象。

弗雷德里克·皮凯
中学教师

这都是谁？

在你的初中生涯里，认识那些你会遇见的新面孔吧！他们可能是男性，也可能是女性。

校长

他/她负责做出关于学校和学生的重大决策。除非你犯了很严重的问题，否则你很少会见到他/她。

班主任

每个班都会有一个班主任。他/她了解班里每个学生的情况，并会与其他任课教师沟通交流。他/她会和家长会面，有时是家长主动提出，有时他/她也会主动邀请家长来校（哎呀，听起来有点麻烦）。哪怕在其他老师的课上调皮捣蛋，班主任也会因此来找你谈话哦。

教导主任

教导主任有点像星系的中心。他/她要了解学生们的情况，并在出现问题时和家长、老师沟通，就比如你旷课缺勤的时候。他还可以帮助你解决难题，比如规划学习安排、抵制校园暴力等。

护士

飞过来的一记足球撞伤了你的鼻子？找朋友陪你去趟医务室吧，那里有消毒液和绷带。护士经常要在多个学校轮班：要记住他/她的工作时间哦。

中学：全新的世界　125

职业生涯咨询老师
你想成为自媒体达人，但这份职业到底做什么、靠什么赚钱？又或者，你知道工程师具体是做什么工作的吗？去找职业生涯咨询老师问问吧！他们会根据你的兴趣和个性，给你提供一些职业相关的建议。

资料管理员
做演讲时找他们就对了！如果你做作业时需要找材料，向他们寻求建议吧！他们还可以借给你小说或漫画书哦。

社区工作者
他们可以在某些问题上给你提供帮助和建议，就比如你遇到了家庭难题，或者你想谈谈你遭遇的暴力。找他们沟通最大的好处是这些老师懂得保守秘密，也很擅长解决各种矛盾，帮你走出困境。

纪律老师
他们要保证学生遵守纪律，确保操场上的秩序，监督大家的课间休息。有时候，赶上霉运，他还会发给你留校或者缺勤的通知！

食堂工作人员、清洁人员、秘书、会计……一所中学的良好运转可是需要不少人的双手和智慧！

当班长，感觉真不错！

每个学年之初，每个班都会选出两名班长，选出的可不是最受欢迎的学生，而是最能代表班级的学生！

➡ 真正的选举

班长竞选一般会在国庆节假期之后举行。所有学生都可以**投票**，当然也都可以**参加竞选**。如果你想服务班级的同学，那就勇敢地去参加竞选吧！

◆ 班长可以提出成年人想不到的主意。

◆ 班长可以代表所有学生发言，尤其是替那些有点害怕表达自己的学生发声。

➡ 重要角色

每个班的班长都要参加非常重要的会议：每个学期（或每两个学期）与老师一起举行的**班级会议**。

尽管班长是最年轻的参与者，但他们有权像其他**成员**一样发言。在讨论同学的学习成绩或行为时，他可以提供大人们不知道的**宝贵信息**。

学校的所有班长每年会多次聚集在一起，共同讨论学校生活。

班长会向全班同学汇报重要会议的内容。如果你作为班长要履行这个任务，别忘了声音要洪亮！不要泄露你可能听到的关于某个同学的秘密。

当班长还可以收集好主意，并向老师们提出建议：例如组织一起骑行的活动日期，或者请食堂提供更多健康餐。

班长守则

➡ **成为一名优秀的班长需要有这些品质：**

◆ 听取他人意见，并且在适当的时候表达出来。
◆ 在表达自己的观点时，保持冷静而非愤怒。
◆ 不要将自己的观点与大多数人的观点混淆。
◆ 果断提出你的好主意。
◆ 不求自己成为超级英雄，做个好班长就行了。

➡ **缺乏思路？不如看看这些建议：**

◆ 举办一场比萨派对来作为学校的外出活动。
◆ 与班级一起拍摄一部微电影。
◆ 组织为期一天的"生态日"活动。
◆ 如果你真的缺乏灵感，也可以在班级里放一个意见箱……

>>> 我初二那年被选为班长。还有个女生也当了班长。这是一次真正的选举，有投票箱，还有选票。同学们投票支持我们，是因为他们相信我们能在出现问题的时候保护大家，不论消息好坏都会告诉他们。做好这个角色，我们就得关注每个人，尤其是那些声音不大的同学。

>>> 梅迪，14岁

学科一点通

语文：在中学阶段，你将继续学习中文，分析句子和文本的构造，并进行口头表达。你的词汇量会丰富起来。语文在各个方面都很有用，如阅读书籍、口头和书面地表达思想，理解网上的新闻，甚至创作歌曲等。

数学：你将学习如何解决难题，并了解几何学。数学不仅仅用来烧脑，它还是个虚拟工具箱。借助数学，我们可以让飞机飞上天，或者投影出 3D 电影。

历史、地理、政治：这几门课并在一起仿佛一台探索世界的时空机器。等到初一，你将探索西方的奥秘、中国古代的文明，以及文化的变革。

生物：在这堂课上，你将了解人体乃至生物等的运作方式。你将会了解人类的饮食，蝙蝠的雷达系统等。

中学：全新的世界 129

外语：在初一，你要继续学习英语。当然，你也可以选择一门新的外语：法语、德语、西班牙语、俄语等。可供选择的语言种类取决于你所在中学的师资。准备好到全世界旅行，和外国文化进行交流吧！

一些中学提供学习地方语言的机会，如壮语、藏语或维吾尔语等，但你需要居住在使用这种语言的地区。住在天津可用不着学藏语！

物理和化学：在这堂课上，你可以了解令人兴奋的物理现象和化学现象，进行有趣的科学实验。课程内容包括电力、光线以及引导宇宙的引力等。

音乐和美术：通过学习艺术作品，你能在这里提高自己的艺术水平。也许你会发现自己有绘画或音乐的天赋呢？这谁都说不准。当然，这些课并不是让你玩乐的，把你的幽默才华留到其他时刻吧！

技术课：汽车是如何运行的？如何搭建房屋？这些都是这门课程可以回答的问题。很有趣，对吧！

体育：在中学，你可以参加各种体育活动，田径、游泳、乒乓球、羽毛球等。甚至有些学校还有滑雪或攀岩！体育也可以帮你增强自信，帮助你的身体应对青春期的变化哦。

压力来袭！

当老师叫你回答问题时，你的脸像苹果一样红？开学第一天的早晨你会感到紧张和不安？

这些现象的根源就是两个字：压力。

你经常变得暴躁，难以集中注意力，早晨醒来肚子感觉窝着一团烦恼？你可能是**太过于紧张**了。一些奇怪的迹象会表明你太紧张了，比如不停地弄响手指关节或者咬指甲。

中学：全新的世界

每个人的抗压能力都不大一样。当面临意想不到的情况时，有些人只是困扰 5 分钟，有些人就会惶惶不可终日，比如，当你被父母或老师的高要求压得受不了的时候，会感觉自己没办法呼吸了。

感到压力是一种自然心理现象，甚至大象和蚂蚁也会有压力！压力使身体能够适应紧急情况，使反应更迅速，也更能忍耐疼痛。

驾驶一架坐着数十名乘客的飞机，有可能让我紧张起来，如果有什么意外，压力就更大了。我们这些飞行员经常通过训练来处理最复杂的情况，就是为了准备应对飞行中可能发生的一切情况。所以，我们经常使用机器模拟飞行，有时只是为了有个良好的心理素质。借助这些方法，我们已经能熟练应对意外事件。这样，我们在飞行中的压力就恰到好处，能够使自己保持良好的警觉状态，而不会被恐惧所束缚。

查理·巴泽伊
飞行员

举个例子，羚羊遇险时的压力反应，让它在被猎豹追赶的时候能以每小时 100 公里的速度逃跑。对于人类来说，压力还能增强身体和心理能力。如果心脏加速跳动，更多的血液就能输送到肌肉和大脑，为应对困难情况做好准备。简直就是真正的超能力！

淡定一点？行得通吗？

也许你觉得玩玩手机、电脑会让自己更轻松，但这不会一直有效！ 如果这占用了你过多的学习或睡眠时间，压力可能反而会"不请自来"：不满的父母，为你成绩下滑而感到惊讶的老师，我的妈呀……

晚上好好睡觉，认真完成作业，这是保持淡定的最佳方式。如果你能好好安排一周的规划，肯定能找到时间通关你最喜欢的游戏！

别忘了每天吃一点水果、蔬菜，安排一些户外活动来放松身心。这可是完美的抗压组合！

突然被叫到黑板前发言怎么办？如果想缓解这类突发的压力，可以试试以下这几个方法：

把头抬起，**深呼吸**三次，再恢复正常呼吸节奏，这可以帮你充分呼吸，从而让你的心跳得不会太快。

◆ 告诉自己这种情况不会持续很久，会有一件好事把你解救出来的。
◆ 尝试提前预测可能带来压力的情况，做好准备或者干脆避开它吧！
◆ 如果你总是感觉自己有压力，找一个信得过的大人倾诉吧！例如父母、医生或老师。

侮辱和嘲笑：巧妙回击

总有人嘲笑你吗？来看看如何保护自己，巧妙应对吧！

➡ 保持冷漠。

嘲笑你的人就是想让你情绪剧烈波动。最好的方法通常就是不予回应，让他们知道几句难听的话无法动摇你的自信。即使你感到受伤，眼泪都要流出来了，也要装作什么都没听到。一定要忍住！

➡ 以讽刺回击。

有人说你笨？那就回答："谢谢，你就是上天送来试炼我的人。"有人叫你白痴？想一句离谱的话来回应，比如："谢谢，你也一样。"

➡ 别再独自承受！

如果嘲笑者有暴力行为，或者反复地嘲笑你，那就别再犹豫：

◆ 把这件事告诉一个信得过的大人，比如你的班主任或父母。

◆ 在国内可拨打"青少年法律与心理免费咨询热线"（向青少年提供心理咨询、法律援助、助学帮困、考试减压、安全宣传、成长咨询和权益服务）。

◆ 哪怕暴力的威慑效果再好，也绝不要试图这样解决问题，那只会使情况变得更糟！

你目击过欺凌事件？

很不幸，遭人取笑这件事在初中是不可避免的。但如果这些言语以及肢体上的暴力行为一直针对同一个人，那这就是一种霸凌，这种行为会受到法律惩罚。

你班上的某个同学是否被人恶意嘲笑或被人推来推去？首先你要表现得聪明些，当其他人嘲笑这个同学时，不要笑。这已经是在支持他/她了！

大约每10个学生中就有1个受过霸凌。如果你在中学、社交媒体或短信中遭到霸凌，不要停留在受害者的身份中，勇敢地说出来！你可以向班长，课后直接向班主任和教导主任等寻求帮助，还可以告诉父母。让自己有安全感，是学生同样也是每个公民的基本权利。

弗雷德里克·皮凯
中学教师

试着在周围没有太多人的时候和他/她聊聊，你可以建议他/她找一个靠谱的大人，比如父母或老师，谈谈他/她的问题，在国内参考这个微信小程序：青听益站全国12355网络平台。你还可以建议他/她拨打免费服务电话12355。如果你在网上收到过有关其他同学的羞辱性照片或信息，请绝对不要传播。这样，你就可以避免受到处罚，并且不会被人记恨啦！

霸凌和敲诈是违法行为，学生和其家长可能需要对此类行为负责。

> 我经常考第一名，但我从来没有被其他人骚扰过，因为我和班里的最后一名的关系很好……
>
> 里奥，13 岁

我是班里第一名

在班级中排名第一，对你和你的父母来说是一种认可。但想稳住这个位置可并不容易。如何避免优异的成绩给你带来太多麻烦呢？

感觉被排挤了吗？ 如果其他同学因为你的优异成绩而取笑你，千万不要因此停止努力学习，从而让自己变得和他们一样。相反，尝试改变你的形象吧！

◆ 避免表现得"什么都知道"。别人可能会认为这是种傲慢。如果有些问题对你来说很轻松，即使你想回答，但还是让大家回答吧！

◆ 有老师真的很宠你吗？去和老师说，公布成绩时总是拿你当榜样，或者总是邀请你上讲台发言，这对你造成了困扰。

◆ 向那些学习有困难的同学提供帮助，但不要有什么优越感。如果你没理解某个练习题或某节课，也要向其他同学请教。

◆ 你的身份很适合帮大家维护权益。你可以向学校的老师们反映某个同学受到的不公平待遇。试着用你的头脑服务大家，而不仅仅是你的成绩单。

雨点般的红叉……

在课堂上遇到难题了吗？勇敢一点，你肯定能够取得进步！

你并不差！ 平均分60，这并不代表你这个人的价值！不要觉得分数可以完全衡量一个人的智力。分数的作用在于验证你是否学习并理解了课程内容，以及你是否能够将内容复述出来。

你的目标：取得进步！ 试着每个学期提高10分，争取在年底达到班级平均分。你的目标是取得进步，而不是争取班级第一。老师和父母会非常高兴看到你的进步。这对你来说也会更有动力。

> 在每一章结束时，老师通常会回顾最重要的内容。有时他们会将这些内容写在复习清单上。学校的教科书通常会在章节最后进行总结，包括关键词梳理和复习练习等。利用这些信息来准备考试吧！要想进步，没有什么秘诀，就是需要下功夫。
>
> 弗雷德里克·皮凯
> 中学教师

学习的时间不够，那就先完成作业再去玩。凝神专注，把游戏和玩具先放到一边，这样背诵课文就不需要花那么长时间了。完成作业之后再去玩会让你更开心哦。父母不反对的话，读完一本侦探小说或尝试新的游戏，就更开心了。

救命，我要留级了

留级，确实难以接受。你可能会觉得自己没学好，感觉受到了惩罚。

➡ **不要看得太严重！**
留级不是耻辱，不是宇宙灾难，不是疾病，不是惩罚，更不是脑袋笨的证明！

➡ **重新激发你的动力！**
说时容易做时难。你可能会怨恨某些老师，或者对学校产生了抗拒心理。最糟糕的是，有些大人告诉你，是"为了你好"而留级的……忘掉这些话吧，然后告诉自己，你已经迈出了一大步，因为你已经学会了今年的课程。当你的成绩开始改善时，你的动力就会回来。

➡ **展现出更多优点！**
将更多的时间投入你不擅长的科目里，既然你已经学过一遍了，那么理解起来肯定会更容易。那些你掌握得更好的科目则能够帮你提高平均分。

➡ **改变学习方法。**
提高你的规划能力。朋友和游戏固然重要，但最好在完成作业后再一起玩耍！

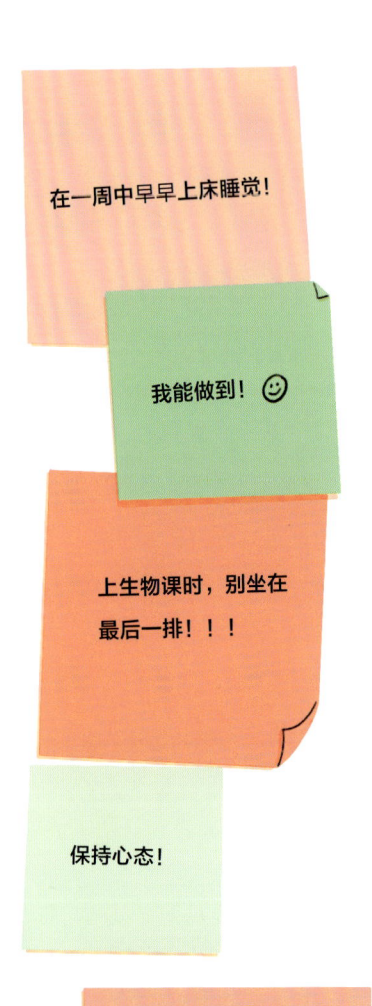

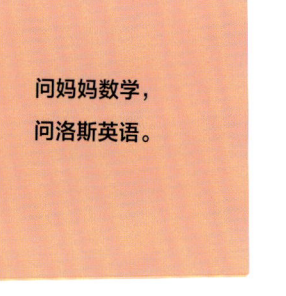

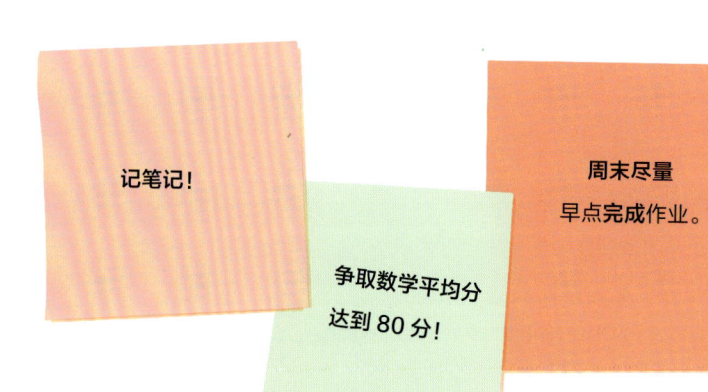

在一周中早早上床睡觉！

我能做到！ ☺

上生物课时，别坐在最后一排！！！

保持心态！

问妈妈数学，问洛斯英语。

记笔记！

争取数学平均分达到80分！

周末尽量早点完成作业。

智力飞涨

这些小任务每天都要做。虽然不会被计分，但做下来这些任务，就能帮助你提高成绩。

练习一：永不放弃！
如果你的父母每次翻开你的成绩单都叹气，你也不要沮丧，告诉他们，你正在努力进步。很快，你就会证明给他们看。

练习二：规划安排。
不要一次攻克所有问题，试着先从你不擅长的那一两门科目中寻求进步，同时继续在你表现得还可以的科目里保持状态。

练习三：寻求指导。
大人、哥哥姐姐、朋友都可以来帮助你。请他们解释你不懂的内容，但不要让他们替你做练习。你可以在你的学校或青少年文化中心参加辅导班。

练习四：改变你的学习方法。
如果你已经很努力了但成绩还是没有提升，向你喜欢的老师或成绩好的朋友寻求建议吧！他们会给你一些更有效的方法。

有一分耕耘，就会有一分收获！

要一个人面对失败是很难，但更重要的是要理解为什么老师要求补考。到底是哪里出了问题？是课后作业吗？是越来越跟不上了吗？是课堂上听不懂了吗？是缺乏兴趣，还是个人问题？你可以与你的班主任、父母或职业生涯咨询老师谈论一下。最重要的是，重新站稳脚跟，找到你需要为之奋斗的方向。

弗雷德里克·皮凯
中学教师

取得成功的好点子

➡ 发挥你的优势
你能不能闭着眼画出一个线段的垂直平分线，或者比计算器更快地算出 125 除以 5 等于多少？不要犹豫啦，提前翻开课本，开始预习吧！

➡ 克服你的弱点
如果你语文考试经常不及格，那就专心复习重点。是不是有一两个基础知识点你理解得不好？重新翻开课本，读读你之前没注意到的重点吧。虽然你可能读着读着一个小时就过去了，但在做下一套练习时，你将节省大量时间。

➡ 兴趣最有效！
阅读激动人心的小说、填数独、做运动，这些都是兴趣爱好，而且还能增强你的思维和体能！

错误是通往下一个目标的垫脚石，而不是单纯的失败。犯错也是学习的过程。不断重试直至成功，这才是真正的秘诀！

➡ **记录你的进步**

如果你喜欢画图表，每隔三周将你的成绩记录在纸上。连接这些点，把这个图表放在你的书桌前吧！

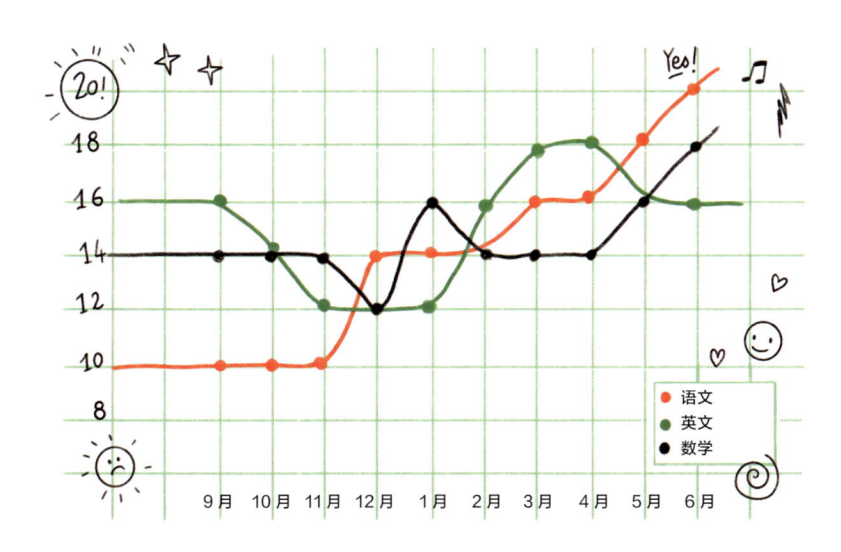

> 我真想知道我父母是否真正懂得"假期"是什么意思。他们总是要让我带一本笔记本去学习。去年夏天，我告诉他们我更愿意在开学前复习数学和语文，最后他们同意了。
>
> 昆汀，13岁

➡ **暑假作业？**

首先，假期是用来休息的！但在开学前的几天，你可以复习一下你最薄弱的科目。如果父母给你很大的压力，让你学习，试着和他们谈判，签署一份协议吧："我将在7月8日至18日的每天9点至10点学习。然后就合上书本！整天都是海滩时间。"

一旦你遵守了协议内容，他们就没什么可说的了！记住，你不是唯一一个遭受煎熬的人哦，很多青少年在暑假期间都得做作业……

✚ 在假期里，最有效的学习就是做数学练习。至于语文，来试试阅读和写作吧！阅读一些小说，制作一份旅行日志，足不出户你就能成为文学大师！

不想上学？

早上你肚子疼，而且起床越来越难。来吧，是时候重新振作起来了。

有时候从床上爬起来很难，尤其是那段时间成绩不太好，朋友相处也不太融洽。偶尔感到低落是正常的！以 F1 赛车的速度坚持一整年，每天早上都早早起床，确实挺累人的。

➡ **不要全盘否定！**
列出一些问题，然后每次都寻找相反的情况。

如果生物老师总是批评你，别忘了数学老师在不断地鼓励你。

如果历史成绩让你感到绝望，别忘了在体育方面你是最强的。

如果你的朋友蒂法不和你说话了，别忘了你重新发现了你的朋友巴依的另一面。

你不想早起了，别忘了还有两周就放假了。

探索新的可能性。 学校里有没有摄影协会或桌游社团？你也可以展示自己吉他方面的才华，或者在下棋方面一鸣惊人。

参加课外活动和外出。 这是结交新朋友的绝佳方式，也是了解老师们另一面的好机会，说不定有些人比表面上看起来更友善哦。

如果还是不适应， 和你的父母、班主任或信赖名单上的其他大人沟通一下吧！告诉他们尽管你付出了各种努力，但你仍然无法重新振作起来。通过与他们的交谈，你肯定会找到问题所在。

> 有些父母会因为取得好成绩而给零花钱作为奖励。我个人不太赞同这样做。不过，如果我的父母这样做，我可能会变得非常有钱！当我取得好成绩时，我其实更希望他们多给我些玩耍的时间。
>
> 梅迪，14岁

你英语说得好吗？

成为双语人才的秘诀，就是把学习、实践和游戏结合起来。

在课堂上得到的解释非常重要：回家后复习它们，然后去做练习题。你还可以使用假期作业本来复习！

说，也很重要。每种语言都像是独特的"音乐"。不要犹豫，多大声朗读，这样能改善口音。以后，在旅行中会非常有用！

何时何地都是练习的好机会。你的兄弟烦透你了吗？用英语告诉他："I'm going bananas!"（奇怪的是，这句话的意思可不是"我要去香蕉"，而是类似于"我要崩溃了……"）。

你还可以利用假期去其他国家进行语言学习之旅。
教你个很棒的方法，找一个"笔友"：他/她可以是另一个国家的学生，能来你家，或者你也可以去他/她家。在学校打听一下，也许就会有参与交流项目的机会哦。

➡ **你喜欢在网上看视频吗？**

那为什么不试着找外语视频呢？图像肯定会帮助你更好地理解这些词语。这样你就有机会一边发现来自世界各地的自媒体达人，一边训练你的听力。他们有的谈论自由式滑板，有的在聊电子游戏，有些人甚至提供语言课程。看什么，你来定！

➕ 一些游戏的语音可以设置为英语或其他语言哦！

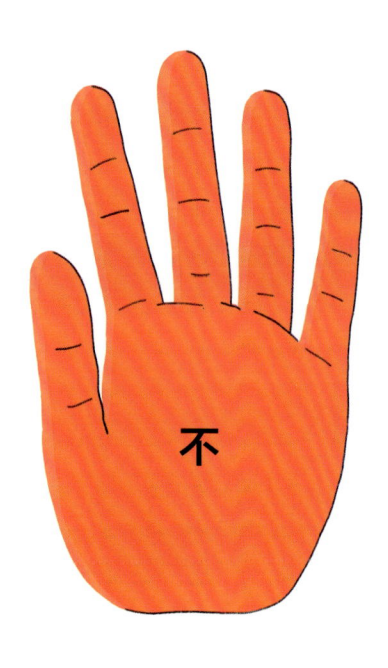

不，就是不！

"不"是中文里最简短的字之一，但有时却是最难说出口的。然而，有勇气说"不"，就是尊重自己，无论在学校还是其他地方都能获得尊重。

一个成年人试图触摸你身体的私密部位，哪怕你认识他/她，或者他/她认识你的父母，也要说"不"，或者直接离开！你的身体只属于自己，未经你的许可，没人有权触摸你。

有人给你提出奇怪的挑战，比如喝洗衣液或者在空中自拍？拒绝他/她！警告你的朋友，别让他们遇到生命危险！

对暴力说"不"！如果你觉得即将发生打斗，请不要继续争执。迅速通知一个成年人来调解冲突。

种族主义、骚扰、缺乏尊重……你要对隐藏在言语、行为甚至沉默中的**暴力**说"不"。给别人取一个愚蠢的外号、拒绝和新同学交谈、不断制造噪声来打扰音乐老师，这些都是暴力。

如果你嗅到了危险，那就效仿狼，保持警觉，做好准备，在事情恶化之前离开……
在大自然中，狼经常逃跑，但从不被当作懦夫！

打破沉默的法则

➡ **你遭受过暴力吗？**

你受到过其他学生的霸凌吗？你认为自己曾遭到过成年人的侵犯吗？哪怕受到威胁，哪怕被称为告密者，也要打破沉默。

➡ **你目击过暴力事件吗？**

如果你知道有朋友受到暴力对待却不敢说出来，试着说服他/她讲出来。或者，担起责任，把这件事告诉一个信得过的大人。你的朋友可能会因此怨恨你，但失去一个朋友总比不伸出援手要好。

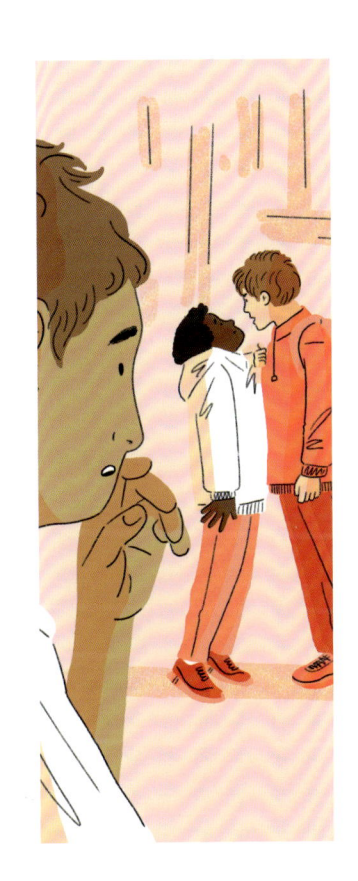

如果你害怕暴力，但还没有卷入当中，你仍然可以与你周围的人谈谈，交流可以舒缓你的情绪。你在网上或电视上看到过令人震惊的场景吗？那个场景在你脑海里总是挥之不去？**不要觉得羞耻**，和信得过的大人谈谈吧。他/她也许能让你好受些。

确实，世界很残酷，但这个世界不是只有暴力！有成千上万件很棒的事情可以做，也有很多友善的人可以认识。

为了反对暴力，你可以建议你的班主任或班长请一个专家来课堂上讲讲这个问题。

家庭生活

家庭，就好像是个独特的星球。
那里由父母掌管，但是他们大多不爱放松自己的权力。
这个星球上还居住着其他难以相处的家伙：
兄弟姐妹，有时甚至是爸爸第一次婚姻里的孩子，或者是妈妈新恋人的孩子。
但这样的家庭也是一个小社会，我们必须学会一起生活！

一千零一家
你的父母什么样？
我已经不是小孩子了！
行动代号：沟通
我不想成为钢琴家！
沟通指南

趣味测试：你是哪一种兄弟？

兄弟姐妹，最好最坏都是他/她！
零用钱使用指南
对虐待说"不"
你的父母分手了？
等待风暴平息
跨越分离之痛
在重组家庭中生活
每个人都有自己的位置

一千零一家

由亲生父母和孩子组成的家庭是最为常见的家庭模式，但这并不是唯一的模式，现实要更加复杂！以下是一些其他家庭情况。

◆ 离婚后的爸爸或妈妈和孩子生活在一起。
◆ 爸爸与新的伴侣生活在一起，而妈妈单独生活。
◆ 爸爸和妈妈分别生活在不同地方，各自带一个孩子。
◆ 离婚后的爸爸妈妈各自和新伴侣生活在一起。
◆ 一些其他情况……

是的，现实要比过家家复杂得多！不少生父生母和孩子一起生活，组成"单亲家庭"。这样的家庭并不罕见，与此同时，还有"重组家庭"，孩子们会和生父与继母或生母与继父生活在一起。

在法国，还有单亲共同养育家庭，这种家庭由非伴侣关系的成人共同养育一个或多个孩子。他们可能是朋友或有共同养育意愿的人，共同分担育儿责任。现在年轻人也会组成丁克家庭，会选择不生育，这种选择可能基于个人偏好、生活方式或其他原因。

☩ 在法国，如今大约有50万孤儿。还有一些孩子，当父母无法照顾他们时，就会由他们的祖父母抚养，或者由寄养家庭抚养。

家庭生活   151

> 我爱爸爸妈妈，但我总觉得自己一直在惹他们生气。只要我把手机乱扔在沙发上，或者去厕所时不关灯，他们就会生气。感觉他们可能有点强迫症。

》》里奥，13 岁

> 我的父母相当酷。我妈妈是我的社交媒体上的一个"好友"。但问题是，她完全不分场合！哪怕我在网上发布消息，她也会批评我的拼写错误。

》》梅迪，14 岁

➡ **父母：是天使还是恶魔？**

◆ 哪怕卡米尔没做完作业，他的妈妈也会允许他玩，但是，哪怕是在卡米尔的朋友面前，他妈妈对他还是会像对小孩子一样说话，这让他很不好意思。

◆ 萨沙的爸爸给她买了很多糖果，但是，她爸爸经常发脾气。

◆ 朱尔的父母经常带他旅游，但是，他们不想让他去社团踢足球。

◆ 诺亚的父母非常有钱，但是，他的爸爸一直没有时间陪他一起玩。

结论：父母有千种万种，但他们有一个共同点——**都不完美！**

你的父母什么样？

你的父母有优点也有缺点，但有一点可以确定，他们都会尽力助你茁壮成长！在以下的描述中，哪一个更像你的爸爸或妈妈呢？读一读相应的建议吧！

➡ **紧张型爸爸：**
他希望把最好的都给你，所以他总是很容易为你担心，怕有什么意外。

◆ 证明给他看，你正在变得独立自主，当你遇到新情况时不会冒太大的风险。

➡ **军人型爸爸：**
他喜欢命令你，而不是抱抱你……他的目的就是让你成为一个负责任的大人！

◆ 耐心点，你将来会有更多的自由空间。告诉父亲你已经长大了，知道如何找到理性的朋友交往。

➡ **黏人型妈妈：**

她真是太好了，几乎满足你的所有要求！可唯一的问题是，在学校放学后，哪怕是在你的朋友面前，她也会给你一个黏糊糊的拥抱。

◆ 你永远是她的小宝贝……拥抱真是太棒了，好好享受吧！但要向她证明你已经长大了，比如可以自己穿衣服，也可以自己策划生日派对了。

➡ **信任型妈妈：**

她已经把你当作一个大人了，会经常询问你的意见。她也给了你很多的自由空间，虽然有时可能有点太多了。

◆ 要用好给予你的这份自由，不要做过分的事情哦。信任是生活中真正的推动力，但要想成为大人，你还有很长的路要走哦！

➡ **主导型妈妈：**

她制定家规，并严格执行。在她的领导下，睡觉时间不能推迟，家庭作业也始终排在首位，还不允许你在屏幕前待超过20分钟……

◆ 向她证明，不需要她命令，你自己就能早点睡觉，按时完成作业，控制好娱乐时间。如果你能自律，她就会感到你值得信任，也就会给你更多的自由空间哦。

你也许听过这样的话？

"别老和别人比！"
"没有'但是'，上床睡觉！"
"总是盯着屏幕看，你不觉得无聊吗？"
"等着瞧！"
"小点声，你会吵醒弟弟的。"
"我不是你朋友，不许和我这么说话！"
是不是很奇怪？好像所有的父母都把这些话背下来了似的。

我已经不是小孩子了！

你的父母把你当成 5 岁小孩吗？想要更多自由空间的话，可以看看下面这些点子哦。

提前行动：提前收拾好衣服和书包，提前开始做作业，不要等家长提醒再来做。如果你不再依赖他们做事，父母应该就会给你一些自由的空间。

谨慎协商你的自由空间，不要过分，尤其不要着急生气。你可以用你的成绩单当作协议："如果我的语文成绩提高 10 分，我就可以偶尔多玩一个小时电脑……"

耐心等待：父母有时需要很长时间才能承认，他们的孩子已经长大了。但如果你每天都向他们证明自己可以独立自主，他们也就不会这么管着你了。

教你一个发起对话和缓解冲突的窍门：让你的父母讲一讲，当他们和你一样大的时候，自己是什么样的……

行动代号：沟通

你有没有觉得父母不理解你，或者不够花时间听你说话？来试试发起一次叫作"沟通"的特别行动吧。

如果你的父母非常忙碌，忙于照顾你的弟弟妹妹，那就要找到一个好时机来和他进行沟通，比如晚餐的时候，或是当弟弟妹妹们已经入睡的时候。另外，长途汽车旅行的途中也是一个很好的交流机会！

如果你的父母平时没什么时间关心你，晚上工作回来得很晚，那就向他们提出一些共度周末的点子吧！你可以在冰箱上贴一份日历或者简单的便签，上面写上你的建议，比如"星期六，一起玩桌游"，或者"星期天，出门踏青"。

不管怎样，一定要找到最适合沟通的时机，平静地表达你的感受。最重要的是，要记住，即使是地球上最了不起的父母，也永远不会完全理解他们的孩子！这个道理已经传承了几千代了。

我不想成为钢琴家！

有些父母望子成龙，梦想着儿子成为音乐家或高水平运动员。如果你父母的计划让你吃不消，那该如何应对呢？

>>>
我妈想强迫我学音乐。她让我选择一种乐器。因为我喜欢卡拉OK，所以我开玩笑地回答道："嗓子。"虽然她并不是很喜欢，但最后还是给我报了合唱团。

>>> 昆汀，13岁

➡ **妈妈给你报钢琴课了吗？**

与其抵触，不如先试上几个月。练习一段时间后，你的手指在琴键上会变得越来越灵活。这时你就可以问问老师，是不是可以教你弹奏你喜欢的电影主题音乐了。无论做什么事，**都不要立刻放弃**，一件事的乐趣通常会在几个月的努力后才会产生。

➡ **哪怕付出了努力，但还是做不到呢？**

向你的音乐老师或体育教练平静地说明，解释自己为什么没有动力。他们可能就会改变教学方法，或者向你的父母解释强迫你是没有意义的。赶紧提出自己的想法，再看看是否可以尝试其他乐器或你真正有兴趣投入其中的活动吧！

家庭生活 157

沟通**指南**

中国古代著名的《孙子兵法》里曾经说过:"知己知彼,百战不殆。"也就是说,一场行动的成功取决于它的充分准备。即使在 2500 年后的今天,这句话仍然正确!

你和父母本来跟牙医约好了时间,但现在已经迟到了。你们在人行道上匆匆忙忙地走着,突然,你在一家书店的橱窗前停了下来,因为你看到了一本梦寐以求的漫画书。
这时候别闹小脾气,要挟他们立刻给你买,而是赶紧继续往前跑!要**等待一个合适的时机**,比如某个星期五的晚上,你的父母正坐在沙发上,他们会更有耐心倾听你的请求。心急吃不了热豆腐,通常来说,稍微耐心些是个好办法!

如何向父母要一部手机?

1. 存点零花钱,用来买手机或话费套餐。
2. 向家长展示你能合理地使用你已经拥有的电子设备。
3. 找到一个合适的时机,平静地说出你的理由。手机可以让你在紧急情况下与家长沟通,还可以和朋友组织活动……
4. 承诺不会乱用你的"新玩具",并遵守在学校不使用手机的要求。
5. 耐心等待!

你是哪一种兄弟？

1 对你来说，当大哥是……

A 领导地位，可以指挥你的弟弟妹妹们。

B 最糟糕的情况：你感觉自己比弟弟妹妹要守的规矩更多。

C 有机会用你的经验来帮助弟弟妹妹，并在你们向父母提出请求时充当发言人。

2 对你来说，和哥哥姐姐们一起生活是……

A 不断地争夺权力。

B 永远受到不公平的对待，因为父母比较信任他们。

C 利用他们的经验，从他们那里汲取知识来茁壮成长。

3 对你来说，兄弟姐妹的相处更像是……

A 长时间的苦斗，谁先认输就谁输。

B 真正的地狱。

C 如果每个人都找好自己的位置，那就太好了！

选A更多：巨龙。
你是大哥？要想获得尊重，最好是听取弟弟妹妹们的意见，而不是嘲笑他们，惹他们发火！如果你是弟弟，那最好是寻求哥哥们的信任，和他们和睦相处哦。

选B更多：鸽子。
你想过得更自由，偶尔还能发表自己的意见吗？如果你觉得父母对待你和兄弟姐妹之间有不公，尝试与他们谈谈。总有一天，你将会展翅飞翔！

选C更多：狐狸。
你早就懂得兄弟姐妹可以助你前进。与他们保持交流也是保持和平、不让父母生气的好方法。

兄弟姐妹，最好最坏都是他/她！

有了哥哥姐姐，好像并不总是利于表达自我！

你并不是家里老大，你的哥哥姐姐有时爱管你。他们在家里总有点儿不大考虑你的感受……

有弟弟妹妹，情况也会很复杂！ 弟弟会打扰你做事，跳上你的床，想拿走你的游戏机……这还不是最令人恼火的事。

一些恶作剧，一些小报复……这些馊主意有时确实搞笑，但只会让关系恶化。而且父母可能还会插一脚，让你们结束这场闹剧！兄弟姐妹，可能是你人生中出现的第一个集体，随后就是班级、朋友圈。因此在兄弟姐妹间，你会积累一些生活经验。

>>> 我有一个双胞胎姐妹。我们可没这么融洽……除了过生日的时候！但至少我们的笑点很像，经常相互开玩笑。
>>> 阿梅尔，12岁半

>>> 我弟弟很要强，他讨厌输。我们一起玩的话，我会在开始的时候让他赢一点，以免他不开心。
>>> 马林，10岁

>>> 我把我已经很久不玩的积木玩具送给了妹妹。但我偶尔也会送给她一些新玩具。就这样，我们相处得很融洽。
>>> 罗曼，10岁

你可能会与兄弟姐妹起冲突，让父母烦恼不已。但别担心，你们的关系会随着成长而变化。那个原来让你不耐烦，跟在你身后模仿你，偷走你大号套头衫的小弟弟，也许会成为你婚礼的见证人。所以耐心一点吧！

洛尔·波利
儿童心理医生

零用钱使用指南

以下是一些可以赚到零用钱的金点子！

➡ 二手市场
在这里，每个人都可以出售二手物品。给你一个好主意，卖掉你不玩的玩具或游戏机来赚一些零用钱吧！

➡ 社区服务
住在隔壁的西蒙娜奶奶要去看孙子孙女，在这一个星期里你可以帮她喂喂猫，还可以帮她扫落叶、拎购物袋……

➡ 做些小家务
向你的父母提供你的特别服务，整理自己的房间或者帮助做家务是正常的，应该是免费的。但如果是洗车这种比较费力气的活儿，你就可以提出完成后能得到一些零用钱奖励。

➡ 艺术天赋
利用你的艺术天赋装饰鹅卵石，制作镇纸；或者在节日期间制作贺卡，卖给你的亲朋好友……

有位李维先生并没有发明牛仔裤，但他说过一句值得深思的话："钱就像时间：只要你不浪费它，它就永远够用！"

➡ 物品或玩具太多了？

如果你有一些物品已经半年多没有用过了，不要犹豫，把它们卖掉吧。你不会因此对这些物品太过挂念，还可以让有需要的人受益，而且你可以通过出售它们赚一些零用钱。当然，你也可以把这些物件捐给慈善机构！你会因为自己曾经为保护地球作出贡献而感到自豪的。

把玩具或衣服塞在衣柜的最底下都是一种浪费，因为它们本来就是为了用到不能用之后再被丢掉的！

对虐待说"不"

你被虐待过吗？即使说出来很难，也要打破沉默，和暴力说"不"。

➡ **救命**！

家庭成员里有人打你吗？

有成年人对你做一些看起来不正常，或者未经你许可的事情吗？

◆ 第一点，要知道的是，没人有权利虐待儿童——哪怕是自己的父母！这是违法的。

◆ 第二点，发生在你身上的事情不是你的错。你是受害者，而不是罪犯。

◆ 第三点，如果想让这种情况停止，唯一的方法就是：绝对要找信得过的大人说出这个情况。

✚ 如果你是暴力的受害者，在中国那就拨打这个免费的电话号码，12349（全国儿童救助保护热线），你也可以打电话给值得相信的大人。

➡ **你的身体属于你自己**

不管是陌生人、体育教练，甚至是你的家人，任何人都不得未经你同意触碰你的身体。不过，还是要有一些常识，如果医生要求你脱掉衬衫进行检查，那是完全正常的（但哪怕是在这种情况下，你也有权拒绝）。

一个成年人对你做出奇怪的行为，变得很"黏你"，总太过亲近？
◆ 你要竖起耳朵，仔细察觉危险咯。

一个成年人试图强迫你脱衣服？
◆ 坚决说"不"，离他/她远点！

有人试图触碰你的私处？
◆ 坚决拒绝，迅速远离。

有人威胁你？
◆ 反过来威胁他，如果那个成年人不停手，你就告诉所有人！

有人在网上约你私下见面，比如要拍写真，而你的父母却毫不知情？
◆ 坚决拒绝。

街边有陌生人要你跟他/她走？
◆ 迅速朝反方向离开他/她！

你的父母分手了?

夫妻分开是很常见的事情,但就算这种情况相对普通,对于父母来说这段经历也很难度过,对于孩子来说更是难以承受。

如果你正在经历这种情况,要记住,父母分开终究是他们的选择。即使他们因你而争吵,你也不必感到内疚,他们分开是因为**他们在一起不幸福**。这对整个家庭来说都是一个非常艰难的选择,但如果他们继续在一起,情况可能会更糟。

同时你也要明白,父母并没有因此离开你!爸爸永远是你的爸爸,妈妈也是一样。

◆ 你感到很生气?你有权告诉他们。

◆ 你感到伤心吗?那就哭出来吧,哭出来就好受一些了。

◆ 你感到孤独吗?和大家表达出你的感受,先告诉父母,再和祖父母说,或者和老师说……

等待风暴平息

在分离之后，这场家庭风暴可能会持续很长时间。有时候，父母会出现在法院里，那里的法官会确保孩子能得到良好的监护。

在这些时刻，大人们通常会感到非常困扰。他们的情绪可能阴晴不定，你会觉得他们有时达成了共识，有时又突然相互讨厌。这种情况确实非常令人不安，但要记住，风暴最终还是会平息的。

在愤怒中，爸爸或妈妈可能会说对方的坏话，或者把家庭面临的困难推在对方身上。

◆ 尽量不要卷入大人们的事情里！最重要的是要记住，你不必在你的父母之间做出选择，而是要尽力享受与他们每个人在一起的时光。

◆ 如果你觉得很难过，不要沉浸在悲伤中，问问父母，自己能不能和心理医生聊聊天。医生是专业人士，他/她会认真倾听，然后向你提供建议。

我们所说的离婚，就是一对原本相爱的夫妻分开了。你的父母依然有责任继续扮演好父母的角色，保护你免受争吵带来的伤害。有时候，他们的争吵会很激烈，两个人都非常不开心，并且都无法履行保护你的职责。但时间最终会平息愤怒。无论如何，你不可能成为家长的父母，也不能为他们的幸福负责。你要幸福，好好长大！这才是帮助所有人的最佳办法。

洛尔·波利
儿童心理医生

跨越分离之痛

你的父母正经历着这场风暴吗？为了不让自己陷入沮丧，好好地阅读下面的内容吧！

➡ **需要面对的困难：**
- 对父母不再相爱感到非常难过。
- 失去自信，与他人相处时感到不自在或羞愧。
- 认为生活无趣且非常不公平。
- 在两个新家之间感觉有点迷茫。
- 不再去学校上学。
- 非常想念已经不在身边的家长。

《《《
我听到我的父母对他们的朋友说他们正在经历一场"幸福的离婚"，但我一点都不觉得好笑！我觉得他们在说谎。我和祖父母说我很难过，他们安慰了我，也好好地照顾了我。

》》》 卢卡斯，12 岁

《《《
我在学校里根本学不下去，脑子里一团糟。我找班主任谈了一下，他/她帮助我重新安排了作业内容。我也成功地升入了高年级，成绩也没有一落千丈。

》》》 于连，14 岁

《《《
当圣诞节到来时，我非常害怕。但最后，爸爸妈妈安排在 12 月 24 日晚上和 25 日中午分别庆祝节日。我给两棵圣诞树都做了装饰，这两天我过得也很好。

》》》 萨米，12 岁

➡ 抓住这些风暴中的"救生圈"……

◆ 你的祖父母、父母和朋友……他们仍然像以前一样爱你，这个时刻虽然困难，但你们的关系很可能会因此更牢固哦。

◆ 如果你在学校遇到困难，不要等着情况慢慢变坏，你可以向老师或教导主任解释你的情况，让他们给你点建议。

◆ 当你感到情绪低落时，写下所有让你感到愉悦的事情。比如你马上要过生日了，这个假期要和朋友一起度过……这被称为"库埃疗法"（这可是真实有效的心理暗示效应）。

◆ 你现在有了两个新家吗？在每个家里都放入属于自己的元素，两边都像在原来的家里一样。

◆ 为了不让自己太过思念不在身边的家长，可以随身携带一张他/她的照片或一个能让你想起他/她的物品吧。也可以打电话和他/她讲讲你的这一天。

◆ 如果你感觉自己实在是太难过了，可以告诉父母，你想和心理医生或家庭调解员聊聊天。当然你也可以去找校医谈谈。

你的父母已经分开很长一段时间了，你甚至都快不认识没在一起生活的爸爸或妈妈了？ 如果对他/她好奇，你可以问身边的家长。也许某一天他/她就会给你看照片。

你想保护妈妈吗？ 这很正常，但不要把角色弄反了哦。就算你已经长大了，她也是大人，你还只是孩子。

>>>
在我们班里，我的几个朋友的父母就离婚了。尽管对于孩子和大人来说都很难熬，但我认为如果父母不再相爱，他们分开生活可能更好。

>> 法赫德，13 岁

>>>
我总是在想之后会变成什么样，但最终，我的父母在分开之后就不吵架了。

>> 弗洛里安，15 岁

建立真正的自我，也就意味着要摆脱原生家庭的条条框框。但我们不一定了解自己的父亲，不知道他的过去，不知道他的生活，更不知道他不在我们身边的原因，这时想要做出改变就会非常困难。我们可能会把他想得过于完美！也可能一味地憎恨他，以至于不喜欢自己身上像他的那部分。有时候，我们可能还会抱怨继父，把本来对亲生父亲的怨言统统都抛给他。和继父一起经历青春期的那些冲突，每个人都有自己的故事要写。

洛尔·波利
儿童心理医生

在重组家庭中生活

你的父母分居了吗？他们可能会各自重新组建一个新的家庭，这被人们称作"重组家庭"。你可能需要适应一下这个新家哦。

➡ 你的父母选择开始新的生活了吗？

这是因为他们不再相爱了，他们觉得与另一个人在一起更幸福。

然而，哪怕他们开始了新的生活，你在他们心中依然重要。即使你的爸爸爱上了除你妈妈之外的另一个人，他仍然是你的爸爸！如果你的妈妈有了一个新的伴侣，这也不会抹去她是你妈妈的事实。

➡ 如何与妈妈的新伴侣相处？

首先，**试着去了解他**，而不是马上把他看作敌人。毕竟，如果妈妈和他在一起很幸福，那么他可能也是有一些优点的。而且你和他的这次相遇可能也让妈妈有些忐忑。

为了打破僵局，你可以提议新来的这个大人和你踢一场球赛，在足球场上还是游戏机里都可以。也可以选择和他玩桌游，在游戏中你们可以相互了解。

➡ **表达自己**！

每个人都需要时间来找到自己的位置。

最重要的是，在情况恶化之前，要表达出自己的不满。

你觉得父亲过于关注他的新伴侣而不够关注你吗？

在肆意忌妒或发脾气之前，先和父亲谈谈吧。如果每个人都付出一些努力，每个人都会因此受益。如果你的爸爸看到你在他的新生活中找到了自己的位置，他会感到更轻松。他的伴侣也会感觉更自在，因为她会觉得你接受了她。而你会在你的重组家庭中感到更加平静。

你父/母的新伴侣要带着他们自己的孩子进入你的生活吗？

虽然一开始会很难，但尽量不要把那些被称为"继兄弟"或"继姐妹"的人看作竞争对手。告诉自己，你的这些新"生活伴侣"和你一样处于相同的情况，他们的父母在你们相识之前就已经分开了！因此，你们有很好的基础来相互理解、共同生活。所以，**对他们耐心些……**

每个人都有自己的位置

尽管父母试图让自己的每个孩子都感到平等，但在兄弟姐妹之间，老大和老幺的感受还是大不相同！以下这些情况可以说是屡见不鲜了。

卢卡斯是家里最年长的孩子，他在上高中。好处是父母让他独立自主生活。坏处是，只要兄弟姐妹之间吵起架来，父母就会惩罚他，仅仅因为他是大哥。

蒂法是家庭中的第二个孩子。她经常和哥哥吵架，指责他爱多管闲事。不过，她也很幸运自己能够成为家庭中的老二，因为当初哥哥和她一样大的时候父母的教育严厉多了。

提莫是最年幼的孩子，也是家中的幺儿。对他来说，兄弟姐妹都是"大人"。父母也非常关心他，很宠爱他。但这真的是一种幸运吗？其实并不完全是，因为哪怕他已经9岁了，有时朋友们还会嘲笑他是个小毛孩。

➡ **你是独生子女**

如果家里只有你一个孩子，有时候跟父母一起生活会觉得很累。但"独生"并不必然意味着"孤独"，在你周围有亲戚家的兄弟姐妹，还有朋友……有他们在，你不会感到无聊，他们也会带你茁壮成长。试着说服父母带上他们一起度假吧，告诉家长你需要经常见到他们。不要总是沉溺在电子屏幕前啦！

➡ **你是哥哥**

你觉得弟弟妹妹长到你这么大的时候拥有比你多得多的自由？不要为此太生气啦，这其实也合情合理。毕竟生你的时候，他们是第一次当父母！多亏了你，你的父母才学会对你的弟弟妹妹更加宽容。

➡ **你是老幺**

你觉得自己生活在哥哥姐姐的阴影下吗？对他们宣战没什么用，更好的做法是选择自己的路，证明你能够独当一面。不要等着父母来叫你才收拾房间或是准备书包，成熟点，像个大人一样！

如果觉得父母在兄弟姐妹之间有偏心，你可以在他们有时间且心情好的时候，平静地与他们进行沟通。

比如，你单独跟他们俩出行的时候，就是个理想的交流时机！

兴趣和爱好

无论是独自一人，还是和朋友或者兄弟姐妹们一起，总有千百种乐趣等待着你，画漫画、搭小屋、听音乐、做编织……或者在游戏机里向朋友发起挑战。你还可以定期参加体育或文艺活动。快！赶紧翻页，大口享受这新鲜的空气吧！

趣味测试：你和爱好

放松一下吧！

让想象插上翅膀

体育运动

尽情玩耍，可别受伤！

没什么点子了吗？

夏令营，真是太棒了

桌游、电子游戏、社交游戏……

互联网：权利与义务

成为网络冲浪高手

做好解码！

地球危在旦夕？赶快采取行动！

选择一个职业？

你的爱好

无论是运动还是艺术活动，每个人都有自己的爱好！你更喜欢参与其中，还是保持观众的身份就好呢？

❶ 家里的乐器

A 你一有空就会弹奏。

B 你偶尔会弹一首曲子。

C 只是拿来装饰自己的房间。

❷ 对你来说，爱好意味着……

A 尽可能多地把时间投入到某一门艺术或运动当中。

B 固定一个时间段，沉浸在漫画或小说的海洋中。

C 不停地玩同一款游戏。

❸ 现在是运动时间，你会……

A 跑着去，正好当热身了。

B 悠闲地溜达过去。

C 还是往回走，不去了吧！

选 A 更多：全情投入！
你全身心地投入自己的爱好中：哪怕困难，也坚持不懈，也许有一天你就会实现成为音乐家或运动员的梦想……书就读到这里，快去练习吧！

选 B 更多：毫无压力！
你喜欢更多样的爱好：对你来说，享受乐趣最重要。没有压力地享受各种爱好，这种感觉真的太棒了！

选 C 更多：轻松自在！
体育和艺术活动不吸引你吗？这当然不妨碍你的其他爱好，可以是游戏也可以是读书。但要记得经常出去走走哦，骑骑自行车或散散步也可以，对你的身体好。

放松一下吧！

你喜欢瘫在床上或者沙发里吗？每周抽出一些时间什么都不做，这对于减压和恢复精力是至关重要的。前提是，你得离开屏幕一段时间。

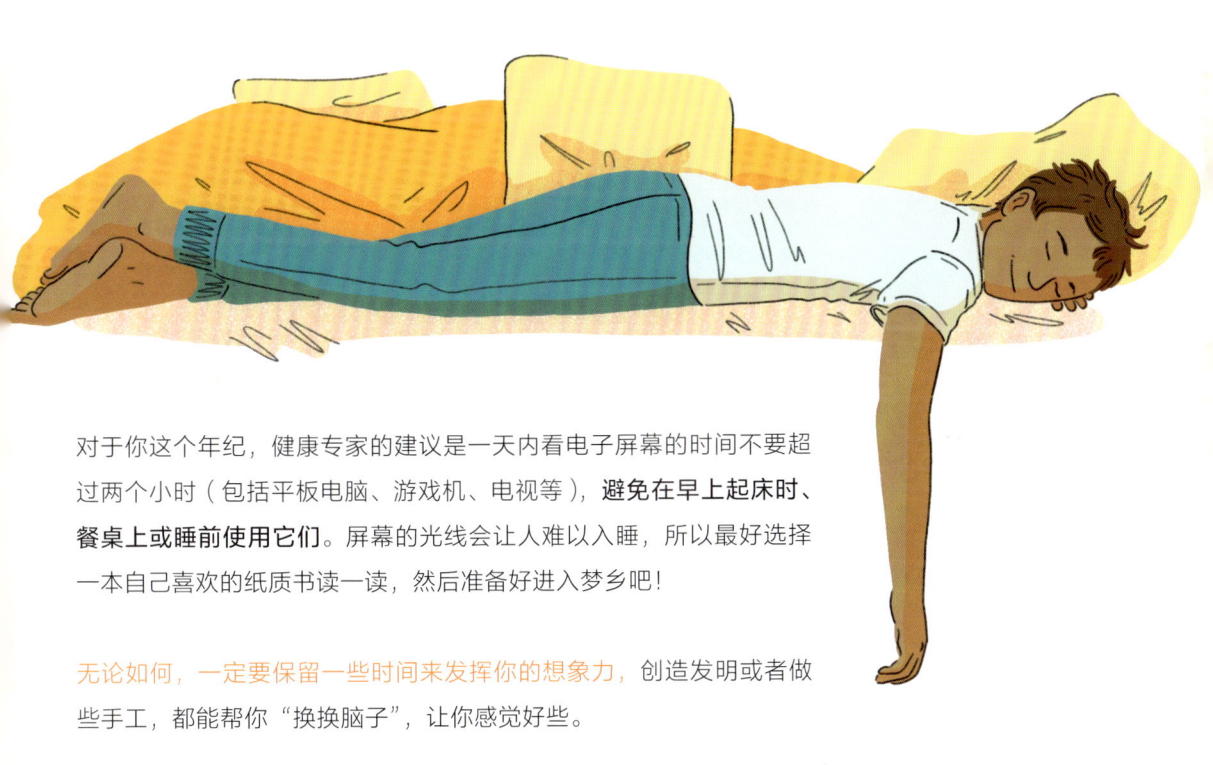

对于你这个年纪，健康专家的建议是一天内看电子屏幕的时间不要超过两个小时（包括平板电脑、游戏机、电视等），**避免在早上起床时、餐桌上或睡前使用它们**。屏幕的光线会让人难以入睡，所以最好选择一本自己喜欢的纸质书读一读，然后准备好进入梦乡吧！

无论如何，一定要保留一些时间来发挥你的想象力，创造发明或者做些手工，都能帮你"换换脑子"，让你感觉好些。

➡ 艺术家的工作

把一块简单的黏土块捏成一件作品，雕塑家首先需要的是激发自己的想象力。是要制作一只"神兽"还是一个"人"，还是一个抽象形状？但要说落实到具体的作品，仅凭灵感是不够的，雕塑家还得运用他通过反复练习学到的技巧。不管出没出名，所有艺术家都得如此，无论他们是画家、小丑、魔术师还是说唱歌手，他们通常都得花费很长时间来培养和发展自己的才能。

让想象插上翅膀

你肯定拿过家里的锅碗瓢盆当鼓敲,也肯定剪过纸、画过画、做过拼贴……每个人内心都藏着一颗艺术的种子,等着哪天生根发芽。现在的你正处于培养才能的理想年龄!

➡ **来看看这些充满创意的点子吧。**

你有没有成为漫画家的潜质?无论你走到哪里,都可以带个本子,随时随地画下你感兴趣的人物和景色。然后,用你的画作再编出一个故事,将你的画放在不同的格子里,再填上对话。锵锵!第一本漫画书就这样诞生了!

登台表演吧！你可以找些会演奏乐器或者想唱歌的朋友和你一起。给你们的团队取个名字，再进行排练。准备好了吗？来为朋友们和他们的家人举办一场音乐会吧，他们一定会为你们感到自豪。

➡ **技巧：基本要点！**

关于视频。如果你想发布一个视频，看看下面这些建议。

◆ 确保自己符合最低的法定年龄要求。

◆ 想一个与你个性相符还能一直用下去的网名。

◆ 选择一个你热爱的主题，不用一味追求潮流。

◆ 努力提高视频的质量。

◆ 在呈现主题的方式中增加悬念或特点。

◆ 不要忘记作自我介绍哟。

◆ 做自己，展现自己的个性。

◆ 好了，赶快发视频吧！

关于音乐。想学习基本乐理和演奏技巧，最好的办法是去上课。如果你没有老师，你可以在书店购买教材。你可以在书上找到乐谱，特别是演奏吉他用的"吉他谱"，更便于阅读。有些谱子也可以从网上免费下载。许多音乐家或是音乐爱好者也会在网上发布视频，给大家提供练习上的建议。在智能手机或平板电脑上，也会有应用程序可以帮助你伴奏和练习独奏。

关于写作。无论是手写还是在电脑上敲字，无论是诗歌还是散文，写作不限于任何形式。只要敢于尝试！最简单的写作就是写日记。你可以在日记里记录你的一天，尝试用文字表达你的喜怒哀乐。如果在文章中加入一些悬念，效果会更好！

圣安东尼奥是一位出色的作家，他建议大家可以用"他打开门，走了进去"作为小说的开头。想写出轰动 21 世纪的侦探小说，就靠你了！

体育运动

不管是经典的或独特的、个人或集体的、竞技的或非竞技的，有各种各样的体育项目可以适合各种爱好和体质的人。

➡ 团队运动

这种运动能够帮助你增强身体素质，但更重要的是提高团队精神和团体竞技的意识。最有名的团队运动莫过于足球、橄榄球、排球、篮球……但还有其他更独特的项目。

棒球或板球：比赛时需要使用球、手套和球棍。

极限飞盘：比赛往往十分精彩，两队各有7名球员争夺飞盘。

健球：比赛时会使用直径超过1米的球。

魁地奇：最初在巫师学校中流行，如今大多在体育俱乐部里举行比赛。

兴趣和爱好 | 181

关于武术。 空手道、合气道、柔道……一起迈进武术之门！尊重他人和控制自我是修习武术的核心要义。学习武术可以让你变得更强壮、更机敏，还能培养你的反应能力，最重要的是让你感到更加平静。这种方式非常好，可以调节你内心偶尔出现的暴力倾向，还能增强你的自信！

关于舞蹈。 舞蹈，并不是女生的专属！男生也可以在扶手旁、木地板上、练功房里翩然起舞。而且，舞蹈也有各种风格：古典、现代、民俗、东方、拉丁、嘻哈……为什么不来试试！

关于攀岩。 绳索、安全带、登山扣、头盔……穿上这些装备，你就可以开始攀爬了！无论是在室内还是在户外，攀岩终究是场冒险。这项运动不仅锻炼身体，还锻炼头脑、手臂和腿部。看看你能不能找到最佳组合来攻克难关，战胜对坠落的恐惧，最后登上巅峰？

关于巴西战舞。 有哪种独特的运动混合了武术、舞蹈、杂技、歌唱和音乐呢？答案是巴西战舞。据说这种舞蹈起源于非洲奴隶在巴西的舞蹈和战斗技巧。如果你想在音乐的伴奏下尽情放松并提高身体柔韧性，那这就是很理想的运动方式。

我在 10 岁时受伤，导致残疾，但我一直参加各种体育运动！虽然有时也会打退堂鼓，但是，参与体育运动说明我们可以提高自己的身体极限，甚至超越它们。设定实际一点的目标，见识到自己的潜力！在这个过程中，坚持和毅力至关重要。当然，这一切还是要从兴趣出发！

▶▶▶ 雷诺，22 岁

参加体育运动可以帮助你更好地接纳自己的身体。这也是增强自信的好方法。

尽情玩耍，可别受伤！

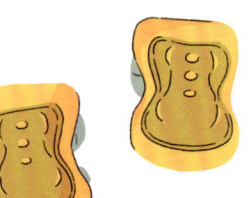

➡ **自行车、轮滑、溜冰、滑雪……**
头盔是必不可少的安全装备之一。你可以在上面画画、贴纸，甚至加上毛绒耳朵……根据运动内容，你还可以使用护肘、护齿等保护装备。最好的选择是玩完滑板之后和朋友们聊聊天，而不是出现在医生那里。

➡ 烟花爆竹！

这些玩具可有点危险。它们会灼伤眼睛，损伤听力，甚至引发火灾。**放炮的时候一定要有大人在身边看护，而且要遵守当地有关燃放烟花爆竹的规定。**

如果发生烧伤怎么办？立即将受伤部位在冷水中泡上几分钟，并赶紧通知大人。

禁止玩火！ 那些易燃品，如汽油或酒精喷雾，每年都会导致悲剧的发生。红牌警告！把这些东西从你的玩具列表里排除出去，它们真的太危险了！

➡ 智商下降了？

◆ 有着暴力倾向的游戏会增加我们的攻击性和压力。长时间玩这类游戏会降低大脑前额叶功能，而这个区域负责管理我们的情绪和攻击性。要想预防这些意外发生，最好的措施就是等到至少 18 岁再玩这类游戏，但是也不要沉迷其中哦。

◆ 在社交媒体上，永远不要参加可能伤害到你身心健康的挑战。如果你严重受伤，可就不会有人来"点赞"咯。

如何报警？ 给你举个例子：你和你的爷爷待在一起。突然，爷爷摔倒了没法站起来。如果附近有邻居，立即通知他们。否则，用手机或座机拨打120。不要担心，哪怕你再紧张，只需记住一件事：提供准确的信息并回答对方所有问题！

杰拉尔·兰博兹
急诊医生

➡ 救命！好痛呀！

你的朋友在公园摔倒了，腿痛得要命，而且还在流血！

怎么办？第一，是要赶紧行动起来。 通常采取实际行动可以让你不会过于惊慌。保护自己的安全，比如不要跑到马路中间去求助别人！

1. 带你的朋友找到一个安全的地方（不要靠近马路），让他背靠着墙。
2. 告诉他尽量不要移动伤腿，用安抚的语气和他交谈。
3. 尝试找到一块干净的布（T 恤、毛巾……）按压伤口以便止血。
4. 与此同时，找人拨打 120 电话，或者自己打，找人来帮忙。你需要告诉他们事故发生的地点，并准确描述情况。

没什么点子了吗？

去找你的朋友或兄弟姐妹一起玩，充分发挥自己的想象力吧！来看看下面这些生活调味品，它们会让你的日常更加"有滋有味"。将照片发到朋友圈还能获"赞"无数哦。

➡ **COSPLAY（角色扮演）。**

这是"costume"（服装）和"play"（扮演）合并起来的缩写。在一场 Cosplay 中，每个人都可以扮演自己最喜欢的角色。

任务代号：二手服装再利用！翻翻旧衣服或者去二手店找到一套服装。再来一顶假发和一些自制的剑就够了，再编写一些场景和对话……如此一来，你就可以看到杰克船长和达斯·维达坐在你父母的沙发上聊天了。这样的场景可不多见！

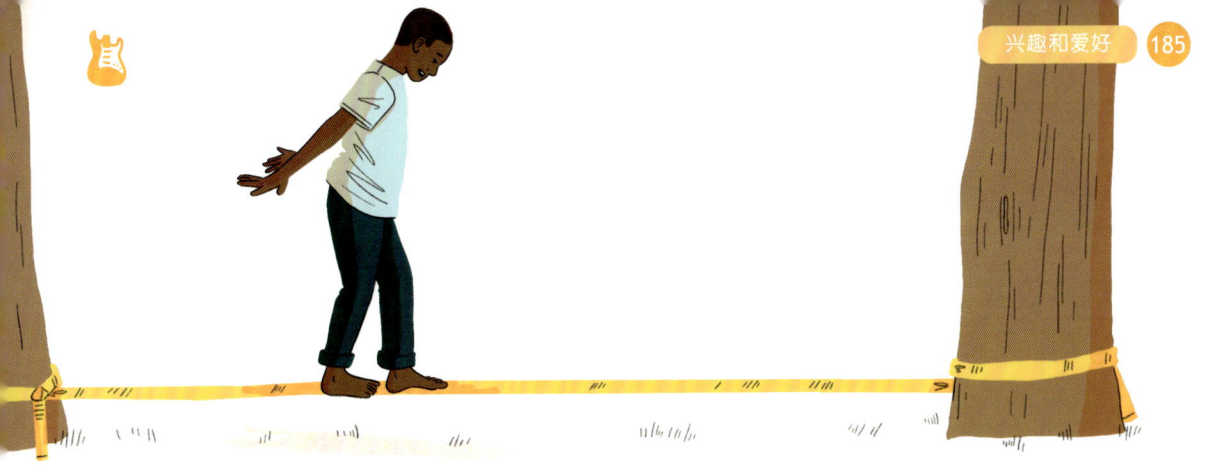

➡ **走扁带。**

这种游戏需要一根绑在两棵树之间的带子。像是走钢丝，但没那么高。一些专业运动员甚至可以做出高难度的跳跃动作。拿它作生日礼物是个好点子，这样，你就可以和朋友一起玩走扁带了。

➡ **环保公民。**

大地艺术（Land-Art）是一种用自然材料进行创作的艺术，材料如树枝、石头、松果……

想要操控无人机吗？不要忘记遵守规范，主要包括不在城市里或夜间飞行，无人机不超过150米的高度，以及尊重他人的隐私……

你还可以加入一些可回收材料（如布料）。来邀请你的朋友们比一比，选择一个主题，比如"自画像"或"未来城市"，看谁做得更好吧！如果作品由可降解的材料组成，那也可以把作品留在大自然中，给散步的人们一个美好的惊喜！

夏令营，真是太棒了

想度过愉快的假期，没有比夏令营更好的选择了！在网上或者向当地青少年文化中心了解详情吧！

>>
开始的第一天，我很想念爸爸妈妈。隔着火车窗户和他们说再见的时候，我都想哭了。但两周过去了，我不想跟夏令营和新朋友说再见了！

>> 提奥，9岁

>>
早上七点在车上见到我的堂兄弟，我特别开心。我都没来得及想念爸爸妈妈。特别是回家了之后，我还会因为没有夏令营的那种氛围而感到难过呢。

>> 杰里米，10岁

➡ **选择你的阵营！**

是躺在床上还是枕着满天繁星入眠，或者在海边、山上还是林中奔跑，在夏令营中你都可以选。

体育活动！ 球拍、陆地帆船、沙滩帆车，夏令营可真是令人兴奋。

大自然！ 冒险、骑马、徒步……环保夏令营万岁！

艺术！ 杂技、舞蹈、魔术、绘画……暑假结束之前，怎么能不带回满满一箱才华横溢的作品呢。

寓教于乐！ 在学校里有点累？有些夏令营会将课程与文体活动相结合。早上学数学，下午踢足球！

难以置信！ 有些夏令营可以开展古代表演秀、举办舞蹈秀、画漫画，或者制作机器人……还有其他一些主题，比如"进行一次侦察行动"。

桌游、电子游戏、社交游戏……

看看这个小指南，帮助你在游戏的丛林中找到方向！

➡ 电子游戏

如果能找到可以增强你的知识和智力的游戏或应用程序，那自然是最理想的情况了。例如，在手机上玩数独或地理测验，或者在游戏机上玩策略游戏。你喜欢玩"糖果传奇"消消乐游戏或让你的战士袭击敌人的这类游戏吗？它们非常容易叫人"上瘾"，很难戒掉！为了玩得开心而不会黏在屏幕前忘了离开，预先设定合理的游戏时间，并设置好闹铃，以便让你回到现实当中。

➡ 还有桌游

桌游有侦探游戏、纸牌游戏、反应力游戏或想象游戏，适合各种口味。你可以和家人或朋友展开对战，但有时也要懂得合作。例如，在"逃生"游戏中，玩家们被锁在一个房间里，只有展现团队精神才能逃脱。

每天看屏幕的时间最多两个小时，包括平板电脑、手机、电视等所有屏幕！你这个年龄的孩子不应超过这个时间限制。保持理智，在各个方面你都会受益：你会减少与父母的冲突，保持好的学业成绩，继续愉快地享受你最喜欢的游戏和应用软件……

互联网：权利与义务

人们常常将互联网称为"虚拟的"东西。然而，互联网上和现实生活中一样，你也拥有真正的权利和义务。而且，互联网上也并不是没有危险。

互联网是知识的宝库、游戏的天堂、交友的平台……这个网络允许你与朋友交流、与世界的另一端沟通、探索新音乐，甚至为你的演讲报告添加插图。互联网也是表达自己的好地方，你可以创建自己的社交媒体账号，发布视频。真是不敢想象在网络出现之前，人类是如何生活的！

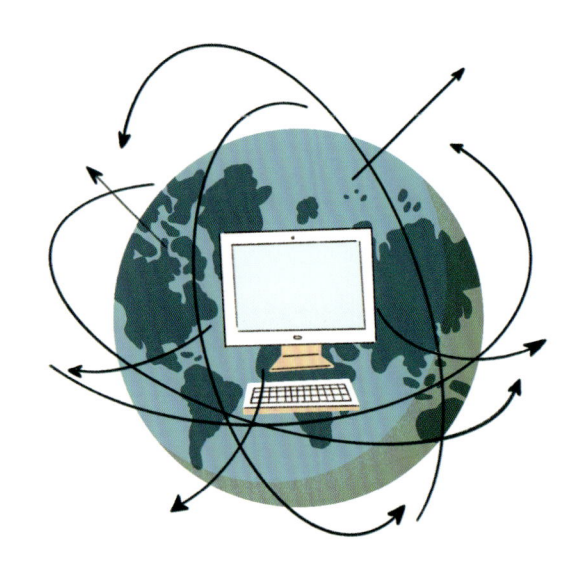

➡ **尊重！**

有人未经你的同意发布了你的照片？你有权要求发布者删除。在现实世界和网上，你的形象属于你自己，在未经你同意的情况下，无人有权使用。有人发布了有关你的恶意信息？赶快严肃要求发布者将其删除。如果问题仍然存在，不要犹豫，赶紧找个信得过的大人来咨询吧。

✚ 你想要删除某张照片吗？或者举报极其令人瞠目结舌的内容吗？大多数网站，比如抖音、哔哩哔哩等，都提供了一个举报窗口。想要找到这个按钮，可以搜索关键词"举报"。

➡ **隐私和安全。**

如果有人在互联网上威胁你，就像街边的小混混一样（无论哪里，这些行为都是被禁止的），那就找一个信得过的大人，让他/她帮助你解决这个问题吧！

互联网虽然是一个公共空间，但每个人都有权保护自己的隐私。偷偷录制老师的视频并在网上发布是违法的。通常情况下，你不应该在没有他人同意的情况下发布他们的照片。你想过随意发布照片可能会让他人尴尬吗？即使在那些可以自动删除的应用程序上，也不要传播别人的照片哦。

在互联网上，某些行为是会受到法律惩罚的：

◆ 侮辱或诽谤（冤枉）他人。

◆ 发表种族歧视或不恰当的言论。

◆ 未经作者同意就传播或复制其作品（照片、音乐、书籍等）。

➡ **网络骚扰，那是什么？**

◆ 发送骚扰电子邮件或发布另一个人的不雅照。

◆ 使用电脑或手机骚扰、恐吓、威胁他人。

◆ 冒充他人的身份来伤害其他人。

网络骚扰对受害者来说是一种可怕的暴力行为。如果你是受害者，**不要独自承受**！告诉你的父母、老师，甚至可以在大人的陪同下向警察报案。

➕ 发送诋毁他人的照片，即使照片只显示几秒钟，也会受到法律的制裁哦。

成为网络冲浪高手

你点鼠标的速度超级快？你在社交网络上冲浪吗？学会聪明地冲浪，记得避开海浪里的"鲨鱼"哦。

◆ **诺亚是社交网络高手**。他在自己的个人资料上发布了各种各样的照片。问题在于，所有在网上提供的信息都会被存储多年。如果 10 年后有人拿出他坐在马桶上的照片，他可能会感到超级尴尬。
专家建议：在发布照片或信息之前要慎重考虑，可能这些内容在几年后会让你很尴尬哦。

◆ **莫尔甘在社交网络上分享自己的生活**。她毫不犹豫地提供了个人信息。问题在于，陌生人可以了解她的一切。如果窃贼得知她父母家在假期期间无人居住，那可就会出大问题了。
专家建议：不要用真名上网，不要透露你的私人信息，比如地址、电话等。

◆ **塔奥用他父亲的信用卡在网上购物**，但他到处都留了密码。而且，每个人都知道他的密码就是他的名字。哎呀，他爸爸可能要在月底付一笔巨额账单了。
专家建议：不要在没有与大人商量好的情况下购物。定期更改密码，想一想除了你的名字或生日之外的其他选择。

◆ **埃斯特万四处搜索互联网上的视频**。哎呀，他偶然看到了一些暴力场景，给自己吓了一大跳。
专家建议：如果再次发生这种情况，要立即关闭页面，并且一定要和父母沟通这件事。

◆ **莉露成天待在屏幕前**。问题是，她都不再想着现实生活中的朋友们了。
专家建议：智能手机 + 电视 + 游戏机 + 电脑 = 屏幕！一天只有

✚ 发布照片或视频的时候，让内容只能在几秒钟内可见，可以减少别人未经你允许使用它们的风险，但是有人可能还会截屏。所以在发布之前，始终要考虑一下坏人可能会如何使用你的上传内容。

24 小时，家人和朋友也希望和你待在一起，但当然是在线下。

◆ 威廉在网上认识了一个人，对方坚持要和他见面。但一个看似可爱无害的网名后面可能躲着一个有坏心眼的成年人哦。
专家建议：在线下见面之前，要告诉一个信得过的大人。

◆ 在网络论坛里，穆萨经常看到令他难过的种族歧视言论。他不太知道如何应对。
专家建议：向论坛的管理员或大人们提出来，他们一般都知道该怎么做。

◆ 萨沙在他的电脑上安装了各种各样的程序，比如打开电子邮箱时附带的一些小程序。现在，他的电脑每到星期四就不能开机了。
专家建议：使用杀毒软件保护电脑，避免点击来自陌生人的电子邮件附件。

》》》

我有一个博客，我在里面使用了"Carmel Metton"这个网名，这个名字是我的名字字母的重新排列。有了网名，我能更轻松地谈论我的兴趣爱好了。古典舞，谈起来可比跳起来简单多了。

》》》 克雷芒，14 岁

分辨真假！

给杯子倒上一半的水，问问你的朋友们怎么看。有些人会说杯子"差一半才满"，有些人会说"有半杯水"，还有些人可能会问"水冻上了吗"？每个人都在构建自己对现实的看法。

很多图片和信息在报纸或网上流传，它们是由记者、摄影师这些人创作的。他们也有自己的看待事物的角度，或传达信息的方式。在看似真实的新闻背后，有时也隐藏着一些不怀好意的说谎者。

要搞懂一张图片或一条信息的内容，试着问自己：

◆ 消息来自哪里，是谁说出来的？

◆ 他们想向你表达什么？

◆ 为什么？

◆ 怎么样？

例如：在网站上有一条评论："歌手某某某的新歌太棒了，快去买！"首先要问问自己，这有没有可能不是发布人的真实想法呢？

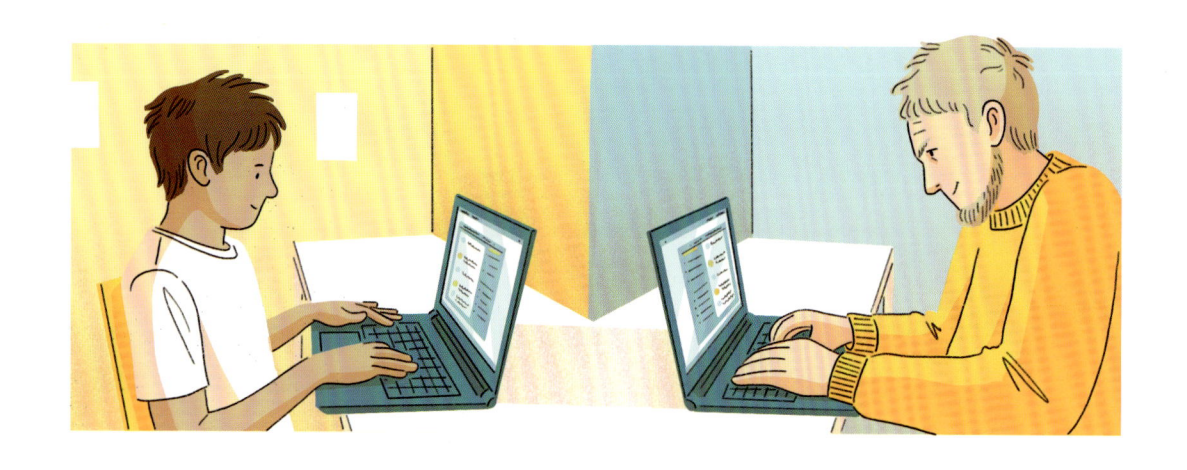

➡ **真相测试**。

你在互联网上看到一则消息，说世界末日即将到来，思考一下：
◆ 我们是否明确知道这个"信息"来自何处。
◆ 这个消息是不是一层层传递到你这里的。
◆ 消息是不是与你自己的判断不符。
◆ 你是不是觉得它有点奇怪。

如果你觉得这条消息符合上面的这些疑惑，哪怕只有一条，那么你所读到的信息很可能也是假的。

➡ **假新闻**。

偏见：意思是没有任何证据的看法。
例如："金发女生都很蠢。"相信这种说法的人才蠢！
宣传：目的是让每个人都拥有相同的看法。
例如：一些广告让人相信纯净水没有矿泉水健康，这完全是误导。

恶作剧：用来制造假消息的玩笑。
例如：在 20 世纪 70 年代，两名英国人秘密使用机器在麦田里画出大圆圈，对外宣称外星人降临过这里。他们在 20 年后宣布这个恶作剧，但如今仍然有人认为英国被绿色的小外星人入侵过！

都市传说：一些不实传言。
例如："地球是平的"或"世界由一个小团体控制"。

这些都是不应该传播的观点。

地球**危在旦夕**？赶快**采取行动**！

你也许已经听说过污染、气候变暖以及由人类造成的生物灭绝。这些消息可能有点令人沮丧，但要知道，改变一两个日常小习惯，你就可以改善这些情况。

1. 为了在晚上睡得舒适同时节约能源，**不要把房间空调开得太热**，而是盖好被子，好好保暖。

2. 早餐时间到！让父母购买**散装**的米面、水果、面包或大盒装的酸奶……而不是包装在会污染环境的塑料盒中的食物。

3. 刷牙和洗手时及时**关上水龙头**，这样你每年可以轻松节省 500 多升水！

4. 如果你可以**步行、滑滑板或骑自行车上学**，就试试吧！这比让父母开车送你上学更环保，还对身体好。

5. 使用**金属水壶**，随时随地都可以喝水，和塑料瓶子说拜拜咯！

6. 你在学校吃午餐吗？为了避免浪费食物，**吃多少拿多少**就好啦。祝你胃口好！

7. 避免购买用塑料包装的果酱和饼干。果干或新鲜水果、面包、巧克力，以及你亲自制作的蛋糕，都可以当作点心，你还可以把它们放入**可重复使用的盒子**中带出门。

8. 你可能已经注意到了，纸张有两面，所以不妨充分利用起来！不管是在学校还是在家里，都可以利用纸张的两面来**写草稿**。

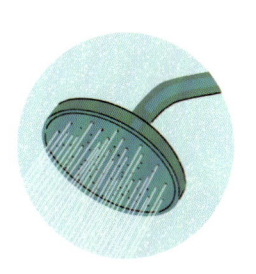

9. 要想保持清洁的同时节约用水，就要尽量选择**淋浴**而不是浴缸泡澡，并尝试用肥皂替代瓶装沐浴露：洗澡泡泡一样多，环境污染却更少！

10. 离开房间时记得关灯，睡觉前**拔掉**电子设备电源，即便其处于待机状态也会耗电。晚安啦！

你成功改变自己的习惯了吗？太棒了！你的态度一定也会逐渐影响你的家人。我们可以用简单的举措，更好地照顾我们可爱的地球。

➡ 垃圾歼灭战

减少垃圾最有效的方式就是少产生垃圾，更少购买新品就意味着能够减少工厂为制造它们而消耗的能源和原材料。如果你真的想要一款游戏或玩具，也许可以在二手市场或网络平台找得到。

同时清理自己的柜子，将闲置物品与朋友交换或捐赠给慈善机构吧！这么做一定能让很多人感到开心呢！

任务代号：地球。你可以和家人一起，参加一年一度的世界清洁日。目标很简单：在24小时内尽量多地清理身边的垃圾，街道上、海滩上或是森林中都可以。在那一天，来自180个国家的近2000万志愿者都在行动。知道了这些，是不是感觉更有希望了！

螺丝刀、钳子和万能胶，当你想修复一些物品时，这些是最主要的工具和材料。用了它们，就可以**避免一些物品被扔进垃圾桶**，把它们回收利用起来。你可以请一位大人来帮助你，也可以在互联网上找到教程。让坏掉的机器人或遥控汽车恢复活力，会带来怎样的满足感？来试试看！

选择一个职业？

也许你已经被问了好几百次："你长大后想做什么？"如果你还不太确定该如何回答，这一页可以帮上你的忙。

你已经上初中了吗？ 如果你想考虑自己的未来，可以咨询**职业规划老师**。他/她会为你提供各种信息，帮助你追求自己选择的职业道路。

➡ **一个真正的职业。**

你在初中还没法大展拳脚吧？三年之后，你还会有其他选择。初三毕业后，会有一部分学生进入职业高级中学或中等专业学校**继续学习**。在那里，你将学到实用的技术，还会体验团队合作。农民、飞机师、钢琴调音师、珠宝商、摄影师……几乎有着无限的可能性。

>>> 我想成为一名警探，但我还在犹豫。我很喜欢做调查，但得知识渊博、逻辑推理能力出众。而且我也想像我爸爸一样成为飞行员，加入空军。

>>> 罗曼，10岁

如果你的初中成绩不错，就不用急着决定自己的职业方向。但如果你感觉不是很适应现在的学习，或者问题越来越多，又或者你已经留过级了，那就考虑在初二的时候咨询一下如何进行职业规划吧。如果你已经有一个明确的职业方向，例如做个面包师，那就放手去做吧！

弗雷德里克·皮凯
中学教师

➡ **天赋异禀？**

你在学音乐、跳舞还是体育？有些学校会提供个性化课程安排，可以让艺术类或体育类的特长生拥有不一样的课程安排，但你必须同时应付数学作业、田径场上的训练，以及音乐学院的乐谱，为此，你要付出很多努力。所以务必了解更多信息！

我从小时候就梦想着飞上天空。我常常在晚上做梦梦见这个场景。这份热情在我青少年时期不断增强，在我整个中学时期也一直影响着我。我下定决心要拿它作为我的职业，而我也好好坚持了下来。我上了空军学校，成为一名战斗机飞行员。10年后，当我离开空军时，我必须重新参加考试，才能成为一名民航飞行员。再一次，这份对飞翔的热情鼓舞了我。我乐于全身心地投入学习，一切也都进展得很顺利。如今，驾驶飞机就是我的职业，我希望这份工作能持续得久一些。

查理·巴泽伊
飞行员

索引

A B C
爱好 79, 102, 140, 174-176
爱情 49, 94, 95, 100
班长 127
暴力 135, 146, 147, 162
勃起 43, 44
残疾 181
嘲笑 77, 134, 135
吵架 82, 88
抽动 26, 27

D E F
大笑 64, 71, 79, 101, 103
电话 58, 86, 167
电视 37, 147, 175, 187
电子游戏 58, 145, 187
毒品 28, 30
分离 164-167
父母 6, 141, 150-151, 154, 157, 160
父亲 118, 152, 168-169

G H
个性 63-73
害羞 51, 57, 95, 98
胡子 8-9, 14, 19
活动 55, 68, 91, 101

J K L
忌妒 79-81

家庭 148-171
教师 49, 84, 114, 124-125
酒精 28-29, 30, 60, 122
开学 78, 110, 117
恐怖主义 59
口头作业 120, 128
离婚 164-168
留级 196
流汗 8, 13, 16

M N P Q
毛发 13-14, 16, 20
媒体 97
秘密 83-84, 127
名牌 64-65
母亲 153, 156, 164
女生 77, 96-99, 101-104, 104, 105
朋友 27, 29, 48, 49, 53
皮肤 13-19
偏见 77, 96-97, 193
屏幕 58, 153, 171, 175, 187, 190, 195
钱 60, 66-67, 68, 84, 143
强迫症 26-27
青春痘 6, 10, 19, 48
情绪 26-27, 50-51, 59, 63

S T
社交网络 190

身体 62, 66, 84, 131, 146, 163
生态保护 127, 194-195
生育 42-43
声音 9, 48, 126
时尚 21, 64
食物 22, 24, 39
睡眠 34-37
体重 38-40
头发 8, 9, 13, 20

W X
外语 129
网络 135, 188
网暴 57
卫生 15, 18, 19, 23
无人机 185
夏令营 186
校园霸凌 134-135
鞋子 18
心情 6, 11, 48, 56, 69
新冠病毒 58
性 44, 45, 108, 109
性激素 10, 11
兄弟 158, 159

Y Z
压力 58, 68, 130-132
牙齿 22-23
牙齿矫治器 24-25
烟草 32, 33

框架眼镜和隐形眼镜 21-22

阴茎 10, 11, 12, 42-43

音乐 37, 53, 91

友谊 49, 74 - 91, 102

娱乐 174-183

运动 39, 48

职业 96, 119, 125, 196

指甲 26, 130

中学 110-126

种族主义 146

自慰 44

自信 50, 52, 53

尊重 62, 76, 91, 103, 146, 188

作业 117, 120-121, 132, 137,
　　141, 144, 151, 153

Nous les garçons !
Written by Raphaël Martin / Illustrated by Anne Pomel
Nous les garçons © Editions Milan, 2020
All rights reserved.

版权登记号 图字：01-2023-6282号

图书在版编目（CIP）数据

男生万岁：一本书解答男生的青春期困惑 /（法）拉斐尔·马丁著；(法) 安妮·波美尔绘；王子旭译. -- 北京：当代世界出版社，2024.8
ISBN 978-7-5090-1790-6

Ⅰ.①男… Ⅱ.①拉… ②安… ③王… Ⅲ.①男性－青春期－健康教育 Ⅳ.①G479

中国国家版本馆CIP数据核字(2023)第233720号

书　　名：	男生万岁：一本书解答男生的青春期困惑
作　　者：	(法)拉斐尔·马丁著；(法)安妮·波美尔绘
译　　者：	王子旭
出 品 人：	李双伍
监　　制：	吕　辉
责任编辑：	高　冉
出版发行：	当代世界出版社有限公司
地　　址：	北京市东城区地安门东大街70-9号
邮　　编：	100009
邮　　箱：	ddsjchubanshe@163.com
编务电话：	(010) 83908377
发行电话：	(010) 83908410 转 806
传　　真：	(010) 83908410 转 812
经　　销：	新华书店
印　　刷：	北京盛通印刷股份有限公司
开　　本：	710毫米×1000毫米 1/16
印　　张：	13
字　　数：	170千字
版　　次：	2024年8月第1版
印　　次：	2024年8月第1次
书　　号：	ISBN 978-7-5090-1790-6
定　　价：	118.00元

法律顾问：北京市东卫律师事务所 钱汪龙律师团队
（010）65542827
版权所有，翻印必究；未经许可，不得转载。

当代世界出版社 微信公众号
当代世界出版社 抖音号